Margret Lehmann

Bis zur *Hochzeit* und danach

– Erinnerungen –

D1730452

francke

Über die Autorin:

Margret Lehmann ist verwitwet, Mutter von drei erwachsenen Kindern und häufig unterwegs zu Frühstückstreffen und Frauentagen.

Widmung

Mein besonderer Dank gilt Frau Dr. Cernaj, die dieses Buch für mich in den Computer getippt hat.

Bibliografische Information Der Deutschen Bibliothek
Die Deutsche Bibliothek verzeichnet diese Publikation in der
Deutschen Nationalbibliografie;
detaillierte bibliografische Daten sind im Internet
über http://dnb.ddb.de abrufbar.

ISBN 978-3-86827-568-1
© 2016 by Verlag der Francke-Buchhandlung GmbH
35037 Marburg an der Lahn
Umschlagbild: Hochzeitsfoto privat;
© iStockphoto.com / karandaev
Umschlaggestaltung: Verlag der Francke-Buchhandlung GmbH /
Sven Gerhardt
Satz: Verlag der Francke-Buchhandlung GmbH
Printed in Czech Republic

www.francke-buch.de

Inhalt

Vorwort

Märztag in der Ramsau am Dachstein

Sonnenschein und tiefe Bläue,
weiße Helle ringsumher,
grüner Tann mit schnee'gen Hauben,
du, mein Herz, was willst du mehr?
Mehr noch gibt es nur im Himmel –
doch Ewigkeit beginnt schon hier,
wo ein Mensch es wagt zu sagen:
„Herr, ich bitt' dich, komm zu mir!"
„Herr, ich bitt' dich,
komm zu mir!"

Um diese Beziehung soll es in dem vorliegenden Buch gehen. Dass der dreieinige Gott so nahe ist, hat mich oft überrascht. Leider eignet sich nicht jede Episode meines Lebens, veröffentlicht zu werden. Doch auch die Ausschnitte lassen Gottes Spuren entdecken. Um sie nicht zu vergessen, darum habe ich mein Leben aufgeschrieben.

Margret Lehmann
Bad Endbach, April 2012

Bis zur Hochzeit
und danach ...

Das kleine Bergstädtchen Ulrichstein im Vogelsberg, Winter 1938. Die junge Gastwirtin vom „Darmstädter Hof" bindet sich frühmorgens ihre Schürze um. Sie reißt die Fenster auf, damit der kalte Rauch vom Abend zuvor abzieht. Dann sammelt sie die Biergläser ein. Die Aschenbecher werden geleert und ausgewischt, die Tischtücher zum Fenster hinausgeschüttelt. Die Stühle stellt sie umgekehrt auf den Tisch, so kann sie leichter kehren.

Viele Gedanken gehen ihr durch den Kopf. Das zweite Kind ist unterwegs. Passend kommt es ihr nicht. Die viele Arbeit! Die Beschwerden der Schwangerschaft. Im Wochenbett wird sie als Köchin ganz ausfallen. Der Kinderfrau, die sich um den anderthalbjährigen Jungen kümmert, wird sie mehr zahlen müssen. Dazu die Schuldenlast des Gasthofes, den ihr Mann und sie vor einigen Jahren einem Onkel abgekauft haben. Oben im Haus wohnt dessen Witwe, der sie das Haus nach und nach abzahlen müssen.

Mit 10 Reichsmark Wechselgeld und einem Kästchen Zigarren hatten sie damals angefangen. Wie soll das alles nur gehen?

Da fällt ihr Blick auf den Spruch, der über der Tür zum Gastzimmer hängt:

Beklage nie den Morgen,
der Müh' und Arbeit gibt.
Es ist so schön zu sorgen
für Menschen, die man liebt.

Der Vers gibt ihr Kraft. Für ihre Lieben da sein – ja, das will sie!

Und dieses Motto hat sie ein Leben lang durchgehalten.

Meine Kindheit

Einige Monate später bin ich auf die Welt ge-kommen. Zusammen mit meinem zwei Jahre älteren Bruder wuchs ich in einer unruhigen Zeit auf. In der Nähe meines Heimatortes war eine Funkstation, die sogenannte „Hof-höhe", gebaut worden. Daher fanden deut-sche Soldaten Verpflegung und Quartier in unserem Haus.

Für uns Kinder blieb nicht viel Zeit. Nur wenn die Hosen nass oder schmutzig waren, rief die Kinderfrau meine Mutter.

Ich war noch keine vier Jahre alt, als mein Vater eingezogen wurde. Im Gasthaus kehrte Stille ein. Außer uns Kindern und der Mut-ter lebte nur noch die frühere Besitzerin im ersten Stock. So traurig die Umstände wa-ren, wir Geschwister genossen es, dass wir die Mutter für uns allein hatten.

An ein Weihnachtsfest erinnere ich mich noch gut: Meine Mutter lief am Heiligen Abend immer noch mit der Arbeitsschürze herum. Sie hatte wohl keine Lust, sich fest-lich anzuziehen, weil mein Vater keinen Urlaub bekommen hatte. Uns Kindern gefiel das überhaupt nicht.

Ja, der Urlaub des Vaters! Er bedeutete für mich ein Stück Paradies. Mit roten Backen fuhren wir zusammen Schlitten. Und – was das Schönste war: In diesen Tagen brauchte ich nicht in den Kindergarten.

Mit fünf Jahren begann für mich die Schule. Während der Schulzeit gab es an einem Nachmittag Fliegeralarm. Wir Schüler rannten, so schnell wir konnten, zu unseren Verwandten, wo gerade ein Geburtstag gefeiert werden sollte. Die Ereignisse um Ostern 1945 haben sich mir tief eingeprägt. Wir saßen mit den Erwachsenen im Keller, voller Angst vor dem, was kommen würde. Das Vaterunser wurde gebetet. Statt Ostereier zu suchen, gab es ein Massenlager auf Stroh in der Schule. So übel fanden wir Kinder die Situation gar nicht, eher aufregend. Nach wenigen Tagen durften die Bewohner wieder in ihre Häuser zurückkehren. Und in unserem Gasthof wimmelte es von amerikanischen Soldaten, die sich aber meist zu benehmen wussten.

Nur einmal hatte ich große Angst. Ich sehe mich noch heute im Flur stehen, zusammen mit meiner Tante, die etwas Englisch sprach, und meiner Mutter. Ein Soldat suchte sein Gewehr und beschuldigte meine Mutter, es gestohlen zu haben. Mit lauten Worten und drohenden Gebärden brüllte er sie an. Obwohl ich noch ein Kind war, spürte ich doch die Gefahr, die mein Leben total hätte verändern können.

Unsere Freunde munkelten, dass sich in unserem Haus Dinge zwischen Amerikanern und deutschen Frauen abspielten, die sich nicht gehörten. „Doch eure Mutter macht da nicht mit!", wussten die Kameraden zu berichten. Wie stolz war ich da auf meine Mama! Und wie hätte es uns seelisch geschadet, wäre es anders gewesen. – Für einige amerikanische Soldaten wusch meine Mutter die Wäsche. Dafür erhielt sie Schokolade und Apfelsinen, die sie im Wäscheschrank aufhob. Bis heute erinnere ich mich noch an den guten Geruch.

Jahre später machte ich eine Entdeckung hinter der Tür zur Bodentreppe. Ein inzwischen rostiges Kruzifix hing dort an der Wand. Sicher hatte ein an Jesus Christus glaubender Soldat hier Zwiesprache mit seinem Herrn im Gebet gehalten. Als junges Mädchen beeindruckte mich das sehr.

Doch zurück in die Zeit nach dem Krieg!

Noch befanden sich viele Väter in Gefangenschaft, waren vermisst oder gar gefallen. Heimatvertriebene, vor allem aus dem Sudetengau, saßen auf ihren wenigen Habseligkeiten. Einige wurden uns zugeteilt und wohnten jahrelang über unserer Waschküche.

Plötzlich hieß es eines Tages: „Der Papa kommt heim! Er ist schon in Mücke am Bahnhof." Dies war der freudigste Moment meiner Kindheit! Mutter legte in großer Eile und Erregung überall frische Deckchen auf. Es knisterte vor Spannung. Und dann stand ich vor einem bis auf die Knochen abgemagerten Menschen. Sollte das mein Vater sein, der immer fröhlich und lebenslustig auf Urlaub gekommen war?

Die russische Kriegsgefangenschaft hatte an seinen Kräften gezehrt, dazu war er an der Ruhr erkrankt. Mehr als einmal hatte er in Lebensgefahr geschwebt. Aufopfernd wurde er von meiner Mutter gepflegt. Sie tauschte viele eingemachte Obstsorten gegen Heidelbeeren. „Die haben deinem Papa das Leben gerettet", erzählte sie mir oft.

Wie froh konnten wir sein, dass unser Vater lebend aus Krieg und Gefangenschaft zurückgekommen war! Doch einfach gestaltete sich das Zusammenleben nach seiner Heimkehr nicht. Wovon sollten wir leben? In seinen früheren Beruf als Metzger zurückzugehen, das erlaubte seine Gesundheit nicht mehr. Er band Kehrbesen und schnitzte Rechen. Zufrieden fühlte er sich dabei aber nicht. Und so legte sich eine gespannte Atmosphäre auf die Familie.

1948 kam die Währungsreform. In Deutschland ging es aufwärts und in unserem Gasthaus herrschte wieder Betrieb. Sommergäste aus den Städten verbrachten ihre Ferien bei uns. Reisende übernachteten, um ihre Kunden zu beliefern. Nach allem Schweren feierten die Menschen in unserem großen Saal wieder. Für uns Kinder hatten die Eltern wenig Zeit.

Ein Glück, dass unsere alte „Tanti" oben wohnte. Bei ihr lernten wir Hochdeutsch, was uns in der Schule zugutekam. Später brachte sie mir das Sticken bei; so konnte ich meiner Mutter manche selbst gefertigte Handarbeit zu Weihnachten schenken.

Am liebsten saßen wir im Bett der lieben, alten Frau und hörten Geschichten, wie es früher war. Was für eine arme Zeit, von der sie berichtete: Bei einer kinderreichen Familie mussten die Kleinen sogar im Kohlenkasten schlafen.

Um dem Trubel in unserem Gastbetrieb zu entgehen, flüchteten wir uns oft nach oben. Hier, bei der „Tanti", ging es ruhig und besinnlich zu. Wie viel haben wir ihr doch zu verdanken!

Die Schulzeit

Fünf Jahre hatte ich nun die Ulrichsteiner Volksschule besucht. In der letzten Klasse waren wir von einem ausgezeichneten Lehrer unterrichtet worden. In deutscher Grammatik und beim Aufsatzschreiben fühlte ich mich sicher; im Rechnen war die Sache fraglicher. Unbedingt wollte ich auf die höhere Schule nach Lauterbach. Meine Eltern waren anfangs dagegen, doch ich ließ nicht locker. Die Großmutter hatte Angst, ich würde hochmütig; der Stiefopa aber zahlte großzügig die Wochenkarte für den Bus. Und so gehörte ich im neuen Schuljahr mit anderen Ulrichsteiner Kindern zu den Fahrschülern.

Im Winter mussten wir morgens um 6.00 Uhr bei Dunkelheit durch den Schnee stapfen. Deshalb entschieden meine Eltern, mich nach anderthalb Jahren auf das Schottener Gymnasium umzuschulen. Dorthin fuhr der Omnibus später ab. Es musste viel gelernt werden; wenn ich mich bei meinem Vater über die lästige Mathematik beschwerte, tröstete er mich mit den Worten: „Kind, dann hörst du an Ostern mit der Schule auf und gehst ins Büro!"

Das war Öl ins Feuer für mich und so strengte ich mich umso mehr an. Heute weiß ich nicht mehr, warum; aber „ins Büro" wollte ich auf gar keinen Fall.

Erwähnen möchte ich den Direktor Reich, einen pädagogisch begabten Erzieher. Wenn ein Junge mit dem Fußball eine Scheibe kaputt schoss, so bedeutete das kein Unglück. Aber als Klassenkameraden ein Stück Brot an den Landkartenständer hängten, da war etwas los! Die Täter wurden bestraft, denn sie hatten das Lebensmittel „Brot" verachtet. – In einer Mathematikarbeit war viel gespickt worden. Ich selbst kam mir nicht so schuldig vor, weil ich andere von mir hatte abschreiben lassen. Als ich zur Rede gestellt wurde, zitierte ich das Wort: „Der Zweck heiligt die Mittel." Oh weh, so böse hatte ich unseren Direx noch nie erlebt. „Mit diesem Satz sind Kriege geführt worden!", brüllte er. Und er hatte ja recht. Übrigens ließ er die besagte Mathearbeit ohne Aufsicht nachschreiben. Keiner von uns schrieb in dieser Stunde ab. Das war Ehrensache!

Eine Lehrerin habe ich fast ein ganzes Schuljahr lang regelrecht gehasst. Zu einer

Sportstunde sollten wir die Skier mitbringen. Ich hatte mich im Klassenraum mit Kameraden unterhalten und kam natürlich zu spät zum Sport. Wo aber waren inzwischen die anderen Mädchen mit der Turnlehrerin? Nirgends konnte ich sie finden. So kehrte ich wieder nach oben zurück. Wenn ich mich doch nur bei der Lehrerin entschuldigt hätte, dann wäre vielleicht alles gut gewesen. Aber ich vergaß den Zwischenfall. Und so verpasste sie mir im Zeugnis eine Drei in Fleiß. Das wollte ich ihr nicht verzeihen. Darum mied ich sie, so gut es eben ging. Kurz vor Weihnachten hatte sie eine Handarbeitsausstellung mit von uns selbst genähten Blusen und Kleidern vorbereitet. Einige Mitschülerinnen halfen ihr beim Aufbau; wir anderen hielten uns im Klassenzimmer auf. ‚Ich bin sicher beim Vorbereiten der Ausstellung nicht willkommen‘, dachte ich so bei mir, als eine Schulkameradin erschien und mir zurief: „Du sollst auch kommen und mitmachen! Das hat sie extra gesagt." Ich konnte mein Glück kaum fassen. Diese Lehrerin hatte meinen Hass auf sie mit Liebe überwunden.

In der Zwischenzeit war ich konfirmiert worden. Zwei Jahre lang mussten wir viel auswendig lernen, auch eine Reihe von Liedern und Psalmen. Es hat uns nicht geschadet, sondern viel genützt. Was ich allerdings für eine Überforderung hielt, waren Inhaltsangaben der Propheten. Ich persönlich habe meinem Konfirmator, Herrn Pfarrer Schmidt, viel zu verdanken. Er lieh mir ein dickes lateinisches Wörterbuch und verfolgte mit Interesse meinen Weg als Schülerin und später als Studentin. Als ich mich auf mein 1. Staatsexamen als Lehrerin vorbereitete, wollte er mir Bücher heraussuchen. Doch während seine Frau in der Kirche den Weihnachtsbaum schmückte, starb er an Nierenversagen. Die aufgeschlagenen Werke für meine Prüfung lagen noch auf dem Tisch, als ich am selben Tag seiner Frau und Tochter beistehen wollte.

Mehrere Jahre hielt ich Jungscharstunden in unserer Gemeinde. Wenn ich darüber nachdenke, wer mich zuerst für den Glauben an Jesus Christus begeisterte, so kommt mir Pfarrer Eilbacher in den Sinn. Ich erinnere mich noch, dass er uns im dritten Schuljahr die Emmausgeschichte spielen ließ. Ich durfte den auferstandenen Herrn vor der Klasse darstellen. Mit wie viel Freude war ich da bei der Sache!

Doch zurück nach Schotten! Auf dem Gymnasium dort konnten wir nur die „mittlere Reife" ablegen, für die Oberstufe kehrte ich in die alte Klasse nach Lauterbach zurück. Der Schulwechsel fiel mir nicht leicht, vor allem wegen der Naturwissenschaften. In Physik und Chemie fehlten mir die Grundlagen. Aber ich wusste mir zu helfen: Ein Schulkamerad schrieb mir das Referat in Physik. Ein Doktor der Chemie verbrachte Ferien in meinem Elternhaus. Da ich ihm von meiner Schwäche in seinem Fach erzählte, verfasste er für mich die Hausarbeit. Und in Englisch schickte mir ein Student, dem ich im Vorgarten ein Getränk serviert hatte, Gedanken und Inhaltsangabe zu dem durchzuarbeitenden Roman.

Später nahm ich es mit dem Christsein ernster. Ich schämte mich für meinen Betrug. In einem Brief bat ich zwei Lehrer um Verzeihung. Ich schrieb, dass ich froh sei, durch den Tod Jesu Vergebung bekommen zu haben.

In der Unterprima, der 12. Klasse, wurde ich sehr krank. Eine Magen-Darm-Infektion löste eine schwere Erschöpfung aus. Das hohe Fieber wollte nicht weichen. Jeden Morgen besuchte mich der Doktor vor seiner Sprechstunde. Die Krankheit hatte mich so geschwächt, dass ich kraft- und mutlos geworden war.

Wenn ich heute darüber nachdenke, staune ich, mit wie viel Liebe Gott mich da herausholte: Eine Stickarbeit machte mir Freude. Die „Feuerzangenbowle" fiel mir in die Hand und brachte mich zum Lachen. In der Schule wurde ich von einem Schulaufsichtsbeamten wegen eines schnell angefertigten Protokolls gelobt, ebenso vom Physiklehrer. Und dann geschah das Größte: Ich wurde zur Hauptdarstellerin des Stücks „Hokuspokus" von Curt Goetz ausgewählt. Was für eine Freude, was für ein Glück! In die Rolle der spritzigen und charmanten Agda Kjerulf schlüpfte ich hinein. Langsam nahm ich ihren Charakter an. Dann kam die Aufführung zum Abiturball der vorherigen Klasse.

Wenige Tage davor erkrankte ich an Stirnhöhlenvereiterung. Unter dem Auge sah man eine dicke Schwellung. Dabei war im Drehbuch von meiner Schönheit die Rede; unser Zeichenlehrer hatte sogar ein Porträt von mir malen müssen. „O, diese Augen" hieß es bewundernd in dem Theaterstück. Vor dem großen Auftritt gab mir der Vater eines Mitschülers, ein Hals-Nasen-Ohren-Arzt, in der Umkleidekabine eine Penicillinspritze.

Und dann ging es los – im doppelten Sinne. Durch das Antibiotikum und die Aufregung löste sich der Eiter, ich schluckte und schluckte. Eine besondere Pointe wurde vom Publikum nicht verstanden und doch: tosender Applaus für unser Werk! Wir schwebten auf Wolke sieben. Da uns der Aufwand für eine einmalige Aufführung zu groß erschien, spielten wir an verschiedenen Orten: in Schotten, in Schlitz, ein zweites Mal in Lauterbach und in meinem Heimatort Ulrichstein. Dabei übernachtete die ganze Klasse im großen Saal unseres Gasthauses. Mit dem Erlös, den wir durch die Eintrittsgelder erzielten, konnten wir eine Klassenfahrt nach München mitfinanzieren.

Nun war mir der Erfolg etwas zu Kopf gestiegen. Den Lehrern gegenüber verhielt ich mich schnippisch. Auf die Erde zurück brachte mich der Satz des Klassenlehrers Stephan: „Ich hätte nicht gedacht, dass sich ein Mensch in kurzer Zeit so verändern kann. Ich habe überlegt, ob ich Ihnen in Betragen nur eine Zwei geben sollte." Das wirkte!

Außerdem rückte das Abitur näher und es galt, viel zu arbeiten. In Mathematik bekamen es meine Freundin und ich mit der Angst zu tun. Jeden Tag rechneten wir zusätzlich zu den Hausaufgaben etwas. Und was passierte? Ein Groschen nach dem anderen fiel. Wir wurden sicherer, und das ungeliebte Fach fing an, uns Spaß zu machen.

Damals konnten wir Schulkameraden noch nicht ahnen, dass wir einen zukünftigen Nobelpreisträger unter uns hatten: Professor Dr. Peter Grünberg erhielt 2007 den Nobelpreis in Physik. Fast 50 Jahre nach unserem Abitur waren wir zur großen Feier seiner Ehrenbürgerschaft der Stadt Lauterbach als ehemalige Mitschüler eingeladen. Als frühere Klassenkameradin sprach ich ein Grußwort. Wir freuten uns als Mitschüler eines Physiknobelpreisträgers auf die feierliche Verleihung der Ehrenbürgerschaft und ein bisschen Glanz fiel ja auch auf uns ab. So jedenfalls empfanden wir es.

Peters Familie war nach dem Krieg aus der Heimat vertrieben worden. Sein Vater galt als vermisst. Mit der Mutter und der Schwester lebte er als Kind in Frischborn bei Lauterbach. Peter erzählte an seinem Ehrentag, dass ihm die Schulspeisung in guter Erinnerung geblieben sei, weil sie die schlechte Ernährung etwas ausglich.

Konnten wir damals schon ahnen, dass aus ihm ein Nobelpreisträger werden würde? Ich weiß es nicht. Nur einmal hatte er es mit Beweisen zu tun. Es war in der Oberstufe. Ein Lehrer herrschte Peter plötzlich an: „Grünberg, Sie schlafen ja!" – „Ich schlafe nicht", beharrte Peter mit fester Stimme. – „Doch, Sie haben die Augen zu." – „Das ist noch wirklich kein Beweis dafür, dass ich schlafe", erklärte unser heutiger Nobelpreisträger.

Nach dem Abitur verloren wir uns aus den Augen. Dann kam zu unser aller Überraschung der Nobelpreis und der Vulkan bebte, wie Christel, eine Mitschülerin, mir berichtete. Unser ganzer Vogelsberg, der ja der größte erloschene Vulkan Europas ist, freute sich über die Auszeichnung mit.

Als sich die Wellen etwas geglättet hatten, fand ich in einer christlichen Zeitschrift ein Interview mit einem englischen Wissenschaftler. Darin tauchte Peters Name auf. Es war zu lesen, dass die beiden Nobelpreisträger von 2007 an Gott glaubten. Ich dachte, so viele Menschen in unserem Land – bei Weitem nicht so klug – tun das nicht. Allerdings, so meinte der englische Gelehrte: „Den Glauben an Jesus Christus kann man aus der Natur nicht ablesen. Dazu braucht es die Geschichte und die Erfahrung!"

Ich persönlich habe in meinem Leben Jesus Christus oft erfahren, besonders dann, wenn es mir schlecht ging, aber auch sonst.

Unmittelbar vor dem schriftlichen Abitur wurde vor unseren Augen der Brief des Kultusministeriums geöffnet, der das Thema für die Abiturklausur enthielt. Wir alle hatten Angst und Direktor Strohmeyer forderte mich zum Beten auf. Aber was sollte ich beten?

Da fiel mir das Neujahrsgedicht von Dietrich Bonhoeffer ein, den die Nationalsozialisten hingerichtet hatten. Es ist auch heute noch aktuell, für alle Menschen, auch für einen Nobelpreisträger.

> *„Von guten Mächten wunderbar geborgen*
> *erwarten wir getrost, was kommen mag.*
> *Gott ist mit uns am Abend und am Morgen*
> *und ganz gewiss an jedem neuen Tag."*

Mit einem rauschenden Abiturball ging die Schulzeit zu Ende.

Studium

Ich hatte mich für ein Studium entschlossen und wollte gern Haupt- und Realschullehrerin werden. Die Ausbildung dauerte damals nur drei Jahre; so würde ich meinen Eltern nicht zu lange auf der Tasche liegen. Mit Kindern hatte ich es ja schon in der Jungschararbeit gerne zu tun gehabt.

Im Frühjahr 1959 zog ich nach Jugenheim an die Bergstraße zum Pädagogischen Institut. Dort wimmelte es nur so von Studierenden; die Hörsäle waren überfüllt. Als Schwerpunkt hatte ich Evangelische Theologie bei Professor Fritz Hahn gewählt. Es machte mir riesige Freude, auf dem Gebiet, das mich am meisten interessierte, dazuzulernen.

Eines Tages lud mich jemand zu einer Veranstaltung in den kleinen Kreis der Studentenmission ein. Ich erschrak zutiefst darüber, dass eine Teilnehmerin laut betete. Außer bei dem Pfarrer in der Kirche hatte ich das noch nie erlebt. Doch ich fing an, mich bei diesen jungen Christen, die ihren Glauben ernst nahmen, wohlzufühlen. Wir trafen uns zu

Mittagsgebeten, Offenen Abenden, Freizeiten mit Naturwissenschaftlern, die an Jesus Christus glaubten, oder auch sonntags zum Gottesdienst, Essen, Wandern oder Singen bei Kranken. Keiner fühlte sich mehr allein. Auch zur Evangelischen Studentengemeinde hielten wir Kontakt und verbrachten viele frohe Stunden miteinander.

Wie es sicher oft in der Studentenzeit vorkommt, verliebte sich ein Kommilitone vom Wahlfach Psychologie in mich und ich in ihn. Er war ein Jahr vor mir mit der Ausbildung fertig und begann entsprechend früher mit dem Schuldienst. Doch mit dem erreichten Ziel gab er sich nicht zufrieden. Er machte eine Weiterbildung und absolvierte ein zusätzliches Studium. Dadurch wurde der Abstand zwischen uns größer.

Für mich stand jetzt das erste Staatsexamen im Vordergrund. Über die Weihnachtsferien hatte ich meine Hausarbeit in Theologie zu schreiben. Wer nicht rechtzeitig zu einem bestimmten Termin fertig war, musste das Semester wiederholen. Ausgerechnet da wurde die Angestellte, die meinen Eltern im Gasthaus half, krank. Das Haus war voll belegt mit Skigästen. Und nach den Ferien würden keine Wintergäste mehr kommen.

Meine Eltern waren dringend auf die Einnahmen angewiesen. Was sollte ich tun? Der Mutter zur Seite stehen oder meine Examensarbeit schreiben? Was wäre vor Gott richtig? Ich entschied mich dafür, meine Eltern nicht im Stich zu lassen.

Als ich nach Jugenheim zurückkehrte, hatte ich nur einen Teil meines Themas bearbeitet, aber mein Professor gestand mir eine gute Woche Verlängerung zu. In dieser Zeit schrieb ich von früh bis spät in die Nacht an meiner Examensarbeit; mit Cola und Schokolade stärkte ich mich. Und Gott ließ das Wunder geschehen: Ich blieb gesund dabei und erhielt eine sehr gute Note.

Im Fach Erdkunde musste ich mich mit einem äußerst umfangreichen Buch befassen und dazu noch mit dem Inhalt eines zehnseitigen Textes. Da erschien am Tag vor dieser Prüfung eine völlig aufgelöste Mitstudentin. Am nächsten Morgen hatte sie ihr Kolloquium in Deutsch und verlor die Nerven. „Bitte, hilf mir", flehte sie mich an. Es fiel mir nicht leicht, ihr nach Hause zu folgen. Wir gingen den ganzen Stoff noch einmal durch. Gegen 23 Uhr kam ich müde heim. Mir blieb nur noch die Kraft, mich mit dem zehnseitigen Text vertraut zu machen, das dicke Buch nahm ich gar nicht erst zur Hand. Ich bat Gott inständig um seine Hilfe und machte mich am nächsten Morgen auf den Weg zu meiner Prüfung. Wie dankbar war ich meinem Herrn, als ich nur nach dem Thema aus dem zehnseitigen Text gefragt wurde. Das andere umfangreiche Werk wurde nicht berücksichtigt.

Noch eine andere Situation aus der Examenszeit werde ich nie vergessen:

Examensnöte

Es ging auf mein erstes Staatsexamen in Pädagogik zu. Wenn ich es mir recht überlegte, musste ich mir eingestehen, dass ich keine sehr sorgfältige Studentin gewesen war. Mir lag es besonders am Herzen, in Kontakt mit Studienkollegen zu kommen und sie mit dem christlichen Kreis der Studentenmission in Verbindung zu bringen. Mit dem Näherrücken meiner Prüfungen wurde mir allzu bewusst, dass ich nicht fleißig genug studiert hatte. Dafür konnte ich Gott nur um Vergebung bitten.

Vor dem Fach Pädagogik graute mir besonders. Wir durften uns selbst ein Thema aus dem pädagogischen Bereich wählen. Außerdem musste das umfangreiche Werk von Fritz Blättner, „Geschichte der Pädagogik", gründlich durchgearbeitet werden. Wenn das frei gewählte Gebiet während des Examens abgehandelt war, ging es kreuz und quer durch das dicke Fachbuch der Geschichte. Sollten sich da größere Lücken herausstellen, würde es eine Fünf geben und damit den gefürchteten „Schwanz",

d. h. die Prüfung galt als nicht bestanden und musste wiederholt werden. Gerade mit dem viele Seiten zählenden Blättner tat ich mich schwer.

Weit interessanter dagegen fand ich die Frage „War Pestalozzi Christ?". Dieser Sache wollte ich nachgehen. Ich meinte zu erkennen, dass er ein vorbildlicher Erzieher und Mensch gewesen war. Aufgrund seiner eigenen Schriften hatte er aber in Christus keinen Erlöser gesehen. Als Erstes brachte ich diese Erkenntnis in das Prüfungsgespräch ein. Wenn ich die Reaktion meines Professors im Voraus geahnt hätte, hätte ich mich vorsichtiger ausgedrückt. „Was", brüllte er, „Pestalozzi kein Christ? Da bin ich aber ganz anderer Meinung!" Ich erstarrte. Der Beisitzer schien mir recht zu geben, wagte jedoch nicht, seinem Vorgesetzten entgegenzutreten. Was würde nun geschehen? Jede Grundlage für ein Gespräch brach ab. Jetzt kam wohl die unvermeidliche Jagd durch die Geschichte der Pädagogik. Ob ich einen Stoßseufzer nach oben geschickt habe? Ich weiß es heute nicht mehr. In diese gefährliche stille Pause hinein klopfte es kräftig an der Tür. Herein trat der Professor für Theologie, Fritz Hahn, bei dem ich voller Begeisterung studiert hatte und der mich gut kannte. „Na, wie geht es denn?", erkundigte er sich großväterlich. „Sehr schlecht", wandte ich mich Hilfe suchend an ihn. „Ich meine, Pestalozzi sei kein Christ gewesen; der Herr Professor ist gegenteiliger Meinung."

„Das kann ich dir sagen, warum ihr hier nicht weiterkommt, Walter", duzte er den befreundeten Pädagogen, warf seinen Mantel auf einen Stuhl und setzte sich. „Du kommst noch von der liberalen Theologie her und Fräulein Pfannstiel von der neueren Karl Barths." Die beiden stritten sich etwa eine halbe Stunde lang, dann schickten sie mich hinaus, um die Note festzulegen. Nach zehn Minuten öffnete mein Prüfer die Tür. Er fragte mich, ob ich mit einer Zwei zufrieden sei. Und ob ich das war!

An dieses Erlebnis wurde ich erinnert, als Frau Schuchard, eine besorgte Mutter, deren Sohn verbissen auf eine Prüfung hinarbeitete, mich darum bat, mit ihrem ängstlichen Kind zu reden. Der Junge sei in seiner Angst so gefangen, er vergäße ganz, dass Gott ihm doch helfen könne. Sie schäme sich schon, den Vater im Himmel ständig mit ihren Sorgen zu belästigen. „Aber nein", ermunterte ich sie, „machen Sie nur weiter. Er freut sich, wenn wir uns an ihn wenden. Ohne ihn werden wir unaufhörlich von unserem Kummer überfallen."

Gerne wollte ich mit dem Jungen sprechen, hatte ich doch selbst die Hilfe unseres Herrn gerade in dieser Beziehung erfahren. Die Erinnerung an meine Examensprüfung in Pädagogik war mir noch so präsent. Ich dachte, dass mein Erlebnis von damals dem angstgeplagten Sohn von Frau Schuchard Mut machen würde, seinem Gott zu vertrauen. Ich wollte ihm davon erzählen, aber nicht, um ihn zur Faulheit zu verleiten. Außerdem wollte ich ihm davon berichten, was ich wenige Augenblicke vor meinem zweiten Staatsexamen in meiner Bibel fand: „Sorget nichts, der Herr ist nahe!" Er ist immer mit im Prüfungszimmer. Auf ihn zu schauen, ist ein gutes Mittel gegen die Examensnot.

Weihnachten in Schmutz und Staub

Wenn ich an vergangene Weihnachtstage zurückdenke, ragen einzelne – die besonders glücklichen oder traurigen – in meiner Erinnerung heraus. Viele andere dagegen sind in Vergessenheit geraten:

In dem Gasthaus meiner Eltern verbrachten zahlreiche Sommerfrischler ihren Urlaub, und wenn der Schnee rechtzeitig Mitte Dezember fiel, herrschte auch in den Weihnachtsferien Skibetrieb. Wieder einmal war mit einem guten Geschäft zu rechnen. Kurz vor dem Christfest sollte der alte braune Kachelofen durch eine Zentralheizung ersetzt werden. Leider wurden die Handwerker nicht rechtzeitig fertig, sodass ich am 24. Dezember gegen Abend, als die Glocken schon zum Gottesdienst riefen, immer noch mit Staub und Dreck kämpfte. Das gefiel mir überhaupt nicht; aber was nützte mein Ärger?

Durch heftigen Schneefall und Glatteis hatte sich auch der Fahrer, der die Getränke für die Festtage bringen sollte, verspätet.

Während er sich in der Gaststube etwas aufwärmte, entspann sich ein Gespräch. Wir beide hatten uns diesen Heiligabend anders vorgestellt. Am liebsten hätten wir jetzt in der Kirche gesessen und die schönen, alten Weihnachtslieder mitgesungen. Aber wir beide wussten auch, dass es etwas Wichtigeres als weihnachtliche Stimmung gab. Wie sich herausstellte, glaubte auch er nicht nur an den „holden Knaben im lockigen Haar", sondern an den auferstandenen Herrn Jesus Christus. Indem wir uns darauf besannen, wurden wir froh. Es machte uns auf einmal gar nichts mehr aus, dass er im blauen Arbeitsanzug und ich mit schmutziger Schürze das Fest aller Feste begingen.

Als sich der Getränkefahrer verabschiedet hatte, beeilte ich mich, mit meiner Putzarbeit fertig zu werden, damit wir im Kreis der Familie den Heiligabend ungestört genießen konnten. Es war der einzige Abend im Jahr, der uns als Familie allein gehörte, denn die Skigäste trafen immer erst nach den Feiertagen ein.

Dieses Mal aber saß ein Ehepaar einsam und verloren in dem großen Gastraum. Die zwei waren vor Weihnachten geflohen, weil sie gerade in dieser Zeit immer an ihr einziges Kind denken mussten, das bei einem Bombenangriff umgekommen war.

Ich fragte meinen Vater, ob ich die beiden ins Wohnzimmer einladen dürfte. Er lehnte ab, weil er sich auf den Abend mit uns allein gefreut hatte. Heute weiß ich nicht mehr, wie es kam. Aber auf einmal saß das Ehepaar doch bei uns unterm Weihnachtsbaum. Unser sonst dünner Gesang bekam Verstärkung und Mutters Plätzchen fanden viel Anklang. Ich las einige Gedanken zum Christfest aus dem Neukirchener Kalender vor und mein großer Bruder gab die lustige Geschichte eines ausreißenden Dackels zum Besten. Es lässt sich schwer beschreiben, aber es lag ein Glanz auf diesen Stunden, den wir von früheren Weihnachtsfesten, die wir nur unter uns gefeiert hatten, nicht kannten.

Für unsere Weihnachtsgäste war es nach ihren eigenen Worten das schönste Christfest gewesen, weil sie die Erinnerung an ihr Leid hatten vergessen können.

Seitdem sind über 30 Jahre vergangen und noch immer lebt dieses Weihnachtsfest in unser aller Erinnerung. Selbst der Getränkelieferant, dem meine Mutter nach langer Zeit begegnete, hatte es nicht vergessen.

Die Wende

Inzwischen hatte ich meine Ausbildung zur Lehrerin beendet und unterrichtete bereits seit einigen Monaten. 1962 hatte ich mich in den Sommerferien zu einer Lehrerfreizeit auf der „Hensoltshöhe", einem Diakonissenmutterhaus in Oberfranken, angemeldet.

Am Abend vor meiner Abreise saß ich am Bett meiner Mutter. Weinend berichtete sie mir, dass mein Vater keinen Sinn mehr im Leben sähe. Das Gasthaus, in dem im Sommer viele Gäste ihren Urlaub verbrachten, wurde bisher noch von meinen Eltern geführt, aber mein Bruder, der Koch und Konditor war, sollte einmal das Geschäft übernehmen. Er war sehr begabt und so hatte er den Wunsch geäußert, ein Studium aufzunehmen. Wer konnte ihm das verdenken? Seine Entscheidung machte meinem Vater zu schaffen, weil er diese Möglichkeit überhaupt nicht einkalkuliert und unzureichend für sein Alter vorgesorgt hatte. Hinzu kamen spitze Bemerkungen einiger Bekannten: „Du hast deine Kinder falsch erzogen! Keines bleibt bei dir daheim, um den elterlichen

Betrieb weiterzuführen." Mein Vater konnte sich mit Worten noch nie gut wehren, umso mehr ärgerte er sich im Stillen und machte sich damit das Leben schwer. Dies alles vertraute mir meine Mutter am Abend vor der Freizeit an. Ich dachte: „Meine Ausbildung zur Lehrerin hat viel Geld gekostet. Ich bin so froh, dass ich sie habe! Leider kann ich euch nicht helfen." Mit diesen Gedanken fuhr ich auf die „Hensoltshöhe".

Während eines Gottesdienstes in der großen Konferenzhalle sprach der Pastor über die Speisung der 5000. Die vielen Menschen hatten Jesus lange zugehört und waren dabei müde und hungrig geworden. Die Jünger schlugen vor, die Leute in die umliegenden Dörfer zu schicken, um sich Essen kaufen zu können. Doch Jesus gab seinen Jüngern den Auftrag, die Menschen selbst zu verpflegen. Dabei waren nur fünf kleine Fladenbrote und zwei Fische vorhanden. Doch der Herr nahm das Wenige, schaute zum Himmel, dankte und gab es seinen Jüngern zum Verteilen. Und das Wunder geschah. Alle wurden satt. Es blieb sogar noch viel übrig.

Mitten in der Predigt über das Speisungswunder stutzte ich plötzlich. Der Pfarrer sprach gerade über den Befehl des Herrn an seine Nachfolger: „Gebt ihr ihnen zu essen." Er sagte: „Sicher haben die Jünger gedacht: Ja, wir können doch den Menschen nicht helfen." Da durchzuckte mich der Gedanke, dass ich genau das Gleiche am Bett meiner Mutter auch gesagt hatte: „Ja, ich kann euch doch nicht helfen."

Die Freunde Jesu hatten ihrem Meister gehorcht. Und dadurch wurde vielen geholfen. Und ich? Auf einmal kam es mir wie eine Eingebung in den Sinn: „Biete du deinen Eltern an, das Geschäft zu übernehmen. Bleibe du zu Hause!"

Der Plan ließ mich in den nächsten Tagen nicht mehr los. Am Abschiedsabend sollten wir Freizeitteilnehmer berichten, was uns besonders bewegt hatte. Ich erzählte von meinem Entschluss. Eine ältere Dame kam auf mich zu und sagte die Worte: „Der Lohn lauert schon." Daheim angekommen – ich sehe mich noch heute in der großen Küche stehen –, erklärte ich meinen Eltern: „Ich muss etwas mit euch besprechen." Zuerst glaubten sie, ich wollte Diakonisse werden. „Nein, das ist es nicht", fuhr ich fort, „ich biete euch an, zu Hause zu bleiben." – Stille! Das hatten sie nicht erwartet. Mutter sprach bewegt: „Wir wollen erst mal eine Nacht darüber schlafen." Am nächsten Morgen eröffneten sie mir: „Wir nehmen das Opfer nicht an; aber wir haben uns sehr gefreut."

Die Atmosphäre, die daraufhin in unserem Haus herrschte, lässt sich schwer beschreiben. Vater konnte jetzt auch den bösen Sticheleien anderer mit Worten begegnen: „Doch, es bleibt mir ein Kind daheim im Betrieb, wenn ich nur will." Ich gewann den Eindruck, dass sich auf die ganze Familie ein Segen gelegt hatte. Einen Satz wie: „Das Leben hat keinen Sinn mehr", hörten wir nie wieder von meinem Vater.

Staunend blicke ich zurück auf die Veränderung vor über 40 Jahren in meinem Elternhaus. Der Herr, der vor 2000 Jahren Menschen in ihrer Not gesehen hatte, brachte auch in unserer Familie die Wende.

Enttäuscht – aber getröstet

Nun hatte ich als frischgebackene Lehrerin das Examen in der Tasche. Bis zu den Sommerferien sollte ich einen an Epilepsie erkranten Lehrer an einer einklassigen Schule unterstützen. Von Sommer bis Herbst vertrat ich einen Reserveoffizier der Bundeswehr in seinem Schuldienst.

Im privaten Bereich geschahen einschneidende Dinge. Die Freundschaft mit dem jungen Lehrer war in die Brüche gegangen. Am 9. Mai 1962 schrieb ich in mein Tagebuch:

Gestern habe ich etwas Erschütterndes erlebt. Geahnt hatte ich es schon länger. Aus der Beziehung zog sich H. mehr und mehr zurück. Am gestrigen Tag erklärte er mir, dass er die Verbindung lösen wolle.

Abends traf ich mich mit einigen Kollegen in einem Restaurant. Ich war innerlich noch so aufgewühlt, dass ich ihnen von meiner Enttäuschung erzählte. Mit einer geschiedenen Dame kam ich in ein längeres Gespräch über seelische Verletzungen, die Menschen uns zufügen.

Was mir jedoch unangetastet in diesen verzweifelten Stunden blieb, war das Vertrauen auf Gott. Er würde mich nicht fallen lassen und mein Leben fest in der Hand halten. Diese Gedanken brachte ich in die Unterhaltung mit der Kollegin ein.

Zwei erstaunliche Dinge geschahen: Mein Gegenüber öffnete sich für den Glauben an Jesus Christus und ich selbst wurde noch am Abend dieses „schwarzen Tages" von Freude gepackt. Ich hätte singen und jubeln können, dass Gott mich in meiner Not gebrauchte, um einem anderen Menschen den Weg zu ihm zu zeigen.

Die Zeit danach war jedoch nicht leicht. Ich musste lernen, mit dem Verlust fertigzuwerden. Wie viel bedeutete mir in diesen Wochen das Wort Gottes. In einem christlichen Kalender wurde gerade die Lebensgeschichte Hiobs behandelt. Wie gut, dass dieser leidgeprüfte Mann in der Bibel vorkommt. Er verlor seinen Besitz, seine Kinder und schließlich seine Gesundheit. Dennoch rang er sich zu dem Bekenntnis durch:

„Der Herr hat's gegeben,
der Herr hat's genommen,
der Name des Herrn sei gelobt."

Auch ein Vers von Paul Gerhardt riss mich aus meinen Grübeleien über Vergangenes in die Gegenwart und Zukunft hinein:

„Wird's aber sich befinden,
dass du ihm treu verbleibst,
so wird er dich entbinden,
da du's am mind'sten gläubst.
Er wird dein Herze lösen
von der so schweren Last,
die du zu keinem Bösen
seither getragen hast."

Später habe ich mich oft gewundert, wie ich diese Monate ohne Depression überstanden habe. Es war allein die Treue Gottes, die mich durchbrachte!

Ich erlebte ihn hautnah. Nie kann ich das vergessen. Im Rückblick möchte ich diese Zeit nicht missen. Die Beziehung zum Herrn wurde existenziell. Wunderbares geschah!

Eine Begebenheit will ich berichten, weil sie entscheidend für mich war. Im Gasthaus meiner Eltern bereitete ich mich oben in meinem Zimmer auf eine Religionsstunde für das dritte Schuljahr vor. Das Thema lautete: „Die Brautwerbung des Elieser." Dieser lebte als alter Knecht bei Abraham. Gerne hätte Abraham für seinen Sohn Isaak eine Frau aus seiner Heimat gehabt. Deshalb betraute er den alten Diener mit der schwierigen Aufgabe, eine Braut in Haran zu finden.

Nun saß der greise Mann nach langer Reise vor den Toren der fremden Stadt. Das richtige Mädchen wollte er mitbringen. Wie aber sollte er das herausfinden? Von seinem Herrn hatte er sicher gelernt, sich in allen Dingen an Gott zu wenden. Er tat es ihm nach. Ja, er machte Gott sogar einen Vorschlag. Das Mädchen, das ihm zu trinken geben und auch die Kamele tränken würde, sollte es sein. Kaum hatte er das Gebet beendet, erschien Rebekka, eine Nichte Abrahams, und bot genau diese Dienste an. Das war für Elieser das Erkennungszeichen, dass der Herr diese junge Frau ausgesucht hatte. Am nächsten Morgen verabschiedete sich Rebekka von ihrer Familie und zog mit dem alten Knecht zu Abrahams Sohn. Die Bibel berichtet, Isaak hätte seine Braut lieb gewonnen.

Mit dieser Geschichte hatte ich mich also

für meinen Unterricht zu befassen. Wie prompt hatte Gott doch das Gebet des alten Dieners erhört! Ich betete: „Herr, du bist doch heute noch derselbe. Gib doch auch mir ein Zeichen, wie mein Weg weitergehen soll."

Einige Minuten vergingen. Da rief das junge Mädchen, das bei meinen Eltern im Geschäft angestellt war: „Komm doch mal runter! Pfarrer Teichmann ist da und will dich sprechen." Dieser Pastor kam von außerhalb; unser eigener Pfarrer war ja vor einem halben Jahr verstorben. Der fremde Seelsorger ahnte von meiner Situation nichts. Er kam ab und zu zum Übernachten und Essen in unseren Gasthof. Einmal hatte ich im Bus neben ihm gesessen. Ob ich verlobt war oder einen Freund hatte, konnte er nicht wissen.

Zielbewusst steuerten wir in der großen Wirtsstube einen stillen Platz an, denn er hatte mich mit den Worten begrüßt: „Ich möchte Sie gerne alleine sprechen."

Ohne nähere Einleitung begann er: „Mein Sohn hat an ein christliches Heiratsinstitut geschrieben und dort eine sehr nette Frau kennengelernt. Hier ist die Adresse der Vermittlung." Ich konnte es nicht fassen. „Wie kommen Sie dazu, mir das jetzt zu sagen? Sie wissen doch gar nichts von mir." Auf meine Frage erklärte er: „Ja, wer etwas Gutes zu tun weiß und tut es nicht, dem ist es Sünde", stand auf und ging.

Ich wankte die Treppe hoch in mein Zimmer. Eben noch hatte ich Gott um ein Zeichen für meinen Lebensweg gebeten und jetzt hatte ich eine Adresse in der Hand. Und zwar genau zu meinem Problem.

Auf einmal sah ich zwei Wege vor mir. Sollte ich weiterhin mit allen Fasern meines Herzens an dem jungen Mann hängen, obwohl ich wusste, dass es keinen Sinn hatte? Oder sollte ich die mir eben gewiesene Richtung einschlagen? Letzten Endes, das erkannte ich ganz klar, ging es um die Frage: „Wen hast du lieber? Gott oder H.?" Unter Tränen rang ich mich dazu durch: „Herr, dich will ich lieber haben."

In diesem Augenblick geschah etwas, womit ich nicht gerechnet hatte. Ich wurde frei von der Bindung an den früheren Freund.

Auch wenn mir der Weg mit dem Heiratsinstitut eigenartig vorkam, schlug ich ihn ein. Irgendwie verlief sich die Sache im Sande. Doch den Sinn, zu dem mir das seltsame Erlebnis verholfen hatte, verstand ich: „Wer Gott an die erste Stelle setzt, bei dem fallen die Fesseln, und sein Leben wird gesegnet sein."

Am nächsten Morgen wollte ich wie gewohnt in der Bibel lesen. Mein Blick fiel auf eine Stelle aus Jesaja 54, die ich nie zuvor gesehen hatte: „Der Herr hat dich zu sich gerufen wie ein verlassenes und von Herzen betrübtes Weib und wie ein junges Weib, das verstoßen ist ... Und alle deine Kinder sind Jünger des Herrn ..."

Als ich diese Worte entdeckte, freute ich mich zum ersten Mal auf meine Kinder, obwohl ich noch nicht wusste, wer der Vater sein würde.

Mit Gottes Hilfe hatte ich die zerbrochene Freundschaft überwunden. Eine kritische Situation hatte ich allerdings noch zu bestehen. An einem Nachmittag befand sich unter meiner Post der Abschiedsbrief des früheren Freundes. Damit war nun der endgültige Schlussstrich gezogen. Ich dachte, ich drehe durch.

Aber dann tat ich etwas, was mir bis heute unerklärlich ist. Ich nahm meine Gitarre zur Hand und sang das Lied: „Danke für diesen guten Morgen", wo es im letzten Vers heißt: „Danke, ach Herr, ich will dir danken, dass ich danken kann."

Seltsam! Als ich mit dem Loblied zu Ende war, wusste ich, dass ich die Nerven nicht verlieren würde. Im Gegenteil! Ich fühlte die Kraft in mir, mit der Enttäuschung fertigzuwerden.

Etwas Entscheidendes hatte ich in diesem Augenblick gelernt. Das Lob Gottes verändert die Lage, egal, wie furchtbar sie auch sein mag. Das habe ich mir für mein weiteres Leben gemerkt.

In diesen Tagen kam mir der Gedanke: „Jetzt bist du so frei; da könntest du auch in die Mission gehen." Im Stillen lachte ich über mich. Ich war nun 24 Jahre alt und noch nie hatte ein Mensch zu mir gesagt: „Fräulein Pfannstiel, ich brauche Sie in Afrika."

Vierzehn Tage nach diesen Überlegungen meinte eine Kollegin beim Mittagessen im Restaurant: „Fräulein Pfannstiel, ich hätte eine Stelle für Sie. In Afrika!"

Ich dachte, ich hörte nicht recht. Gleichzeitig erschrak ich über die Nähe Gottes. – Es handelte sich dabei um eine Lehrerstelle für Kinder von deutschen Farmern. Aus dieser bestimmten Aufgabe wurde zwar nichts, aber ich war offen für eine Missionstätigkeit und plante, als Lehrerin hinauszugehen. Bei meinen Eltern stieß ich mit meinen Plänen allerdings auf Widerstand.

Inzwischen war ich in Homberg a. d. Ohm angestellt worden. Ein 4. Schuljahr hatte ich zu führen. In Französisch sollte ich zwei Klassen unterrichten, was mir nicht leichtfiel. Ich hatte diese Sprache ja nur vier Jahre gelernt und seit drei Jahren nicht mehr gesprochen. Meine Vorgängerin dagegen war Studentin an der Sorbonne gewesen. Auch Deutsch und Geschichte gehörten zu meinen Fächern an der Realschule. Als Neuling im Lehramt musste ich mich intensiv und ausführlich auf den Unterricht vorbereiten, oft bis spätabends.

Eine Situation aus meiner Zeit als Lehrerin ist mir in besonderer Erinnerung geblieben. Die Kollegin, die in demselben Haus wie ich wohnte, warnte mich vor einem Lehrer. „Er macht jeden fertig, der ihm eine Klasse übergeben muss. Hoffentlich passiert Ihnen das nie!", klärte sie mich auf. Wie gut, dass ich diesen Satz noch im Kopf hatte. – Tatsächlich, er übernahm mein 4. Schuljahr in einem Fach. „Die Kinder können die Zeitwörter nicht beugen, sie haben nicht genug gelernt!", putzte er mich im Lehrerzimmer herunter. – Mir fiel ein Gespräch während des Studiums mit meinem Professor in Deutsch ein. Er vertrat den Standpunkt, das systematische Konjugieren gehörte nicht in die Grundschule, sondern in die ersten Jahre des Gymnasiums. Sollte ich mich verteidigen bei dem Kollegen? Noch bevor ich ein Wort sagen konnte, ging die Tür auf. Herein trat Herr Pinther, dessen Tochter in meiner Klasse gewesen war. Ohne von dem Vorwurf meines Kritikers zu wissen, rief er fröhlich: „Fräulein Pfannstiel, mein Kompliment! Die Gundi ist am Alsfelder Gymnasium die Beste in Deutsch." – „Das liegt sicher an der Gundi", gab ich das Lob zurück. – „Seien Sie mal bloß nicht zu bescheiden!", ließ er mein Wort nicht gelten. Und all das musste sich der noch anwesende kritische Lehrer mit anhören. Ich aber staunte über das prompte Eingreifen meines Gottes, dem der Ruf seiner Kinder nicht einerlei ist.

Wenn ich an diese aufreibende, aber immer wieder getröstete Zeit zurückdenke, erinnere ich mich an einen Wintermittag. Meine Gedanken wandern zu einem Nachmittag in den Weihnachtsferien. Ich stattete meinem Großvater väterlicherseits einen Besuch ab. Er bat mich, einem früheren jüdischen Freund in Amerika zu schreiben. Dieser war in der Zeit des „Dritten Reiches" rechtzeitig ins Ausland geflohen. Mein Opa hatte seinen

Volksgenossen in ihrer schweren Zeit viel Gutes getan. Obwohl es schon verboten gewesen war, hatte er ihnen als Metzger Fleisch verkauft und geschenkt.

Gerne tat ich ihm mit dem Brief einen Gefallen. Wie ich später erfuhr, freute sich der Empfänger sehr über die Post aus Deutschland.

In mir stieg eine Ahnung auf, dass Gott die Menschen segnet, die seinem Volk zur Seite stehen. Ja sogar auf ihre Nachkommen wirkte sich der Segen aus.

Jedenfalls hatte mich der Besuch bei meinem Großvater beflügelt. Einem ehemaligen jüdischen Mitbürger eine Freude bereitet zu haben, machte mich selbst froh. Als ein Zeichen der Güte Gottes empfand ich es beim Heimkommen, dass ich in unserem Gasthaus zwei frühere Schulkameraden antraf. Einem von ihnen schien ich nicht gleichgültig zu sein.

Die Weihnachtsferien neigten sich dem Ende zu. Zum Nikolausball war ich von einer Studentenverbindung eingeladen worden. Dort hatte ich festgestellt, dass ich älter war als die meisten anwesenden Mädchen. Drei Wochen später traf ich im Bus eine jüngere Bekannte, die zu einem weiteren Fest derselben Burschenschaft aufgefordert worden war. Ich selbst hatte kein Einladungsschreiben bekommen. Natürlich versuchte ich, meine Enttäuschung zu verbergen, aber ich fühlte mich doch sehr gekränkt. In mein Zimmer zurückgekehrt, überfiel mich eine gedrückte Stimmung. Wieder – wie schon so oft – wendete ich mich im Gebet an meinen Herrn und fand, als ich die Bibel aufschlug, das Wort: „Die Geängsteten, so auf kein Fest kommen ..., will ich wieder zu Lob und Ehren bringen." (Zefanja 3,18a.19b)

Ich erschrak fast darüber, wie sehr diese Stelle meine Situation beschrieb. Dann aber war ich froh über das Versprechen, dass Gott sich gerade der Niedergeschlagenen annehmen will. Fröhlich sprang ich die Treppe hinunter und entdeckte auf dem grünen Brett Post für mich. Der frühere Schulfreund hatte geschrieben, er interessierte sich für mich und wollte mich gerne besuchen.

Noch heute staune ich darüber, wie Gott die Verse aus Zefanja 3 in meinem Leben hat wahr werden lassen! Auf wie vielen Festen habe ich an der Seite meines Mannes gefeiert: Hochzeiten, Taufen, runden Geburtstagen, Jubiläen mit und ohne Fernsehen!

Es ist mir zwar mehrmals so ergangen,

dass mir beim Aufschlagen des Wortes Gottes ein Bibelvers half. Doch es blieb die Ausnahme! Gottes Wort ist nicht als Orakel zu verstehen und ersetzt auf keinen Fall das regelmäßige Bibellesen. Wenn wir uns oft mit der Heiligen Schrift beschäftigen, wissen wir im Lauf der Jahre, wo passende Worte zu unserer Situation stehen. In Notzeiten ist mir der Herr allerdings durch Verse, die mir beim Öffnen der Bibel ins Auge sprangen, entgegengekommen. Das hat mich dann jedes Mal aus trüben Gedanken herausgerissen. Auch wenn ich den Zusammenhang der einzelnen Stelle kannte, hat sie mich doch in meiner Lage angesprochen. Deshalb möchte ich Gottes Hilfe auf diese Weise nicht verschweigen.

Nun aber zurück in die Zeit, bevor ich meinen Mann kennenlernte. Der neue Verehrer, ein früherer Schulkamerad von mir, bemühte sich sehr um mich, doch ich wollte nicht richtig. Mein Vorhaben mit der Mission hielt er für Spinnerei. Schließlich stellte er mich brieflich vor die Entscheidung. Bisher hätte ich immer nur ein „Jein" für ihn gehabt. Ich sollte mich endlich klar äußern. Da überlegte ich: Vielleicht erwartest du wirklich zu viel. Man kann nicht verlangen, dass

Gott einem klarmacht: Tu dies oder jenes! Man muss sich selbst entschließen und kann ihn dann höchstens um seinen Segen bitten. So dachte ich jedenfalls und schrieb: „Ja, ich will deine Frau werden."

Seltsam! Auf diesen Brief erhielt ich drei Wochen keine Antwort. Auch meine Wirtin und eine Kollegin, die sein Werben miterlebt hatten, konnten sich das nicht erklären. Ich selbst am allerwenigsten.

Stattdessen schickte mir ein Ehepaar eine Karte mit den Gedanken:

> *„Wenn wir nicht wissen, was wir tun sollen,*
> *können wir Gott bitten, alle Türen zuzu-*
> *schlagen,*
> *durch die wir nicht gehen sollen,*
> *und nur noch die aufzulassen,*
> *durch die wir gehen sollen."*

Als eine vom Vater im Himmel zugeschlagene Tür betrachtete ich das Schweigen des jungen Mannes. Dann kam die Antwort: „In der Zwischenzeit habe ich ein anderes Mädchen kennengelernt. Es gibt mir die Kraft, Dein freudloses Ja abzulehnen, das ich sonst aus Angst vor Einsamkeit angenommen hätte."

Eigenartig, ich war nie eifersüchtig auf diese junge Frau. Im Gegenteil: Ich erkannte, dass der Herr mir in letzter Minute „einen Strich durch die Rechnung" gemacht hatte. Dafür war ich ihm dankbar.

Die Sternstunde

Im Herbst 1963 lud unser Schulrat zu einem Fest ein. Etwas widerwillig nahm ich die Einladung an. Mittags fand sich in unserem Briefkasten die Karte eines Predigers mit dem Lied: „Weiß ich den Weg auch nicht, Du weißt ihn wohl. Das macht die Seele still und friedevoll." Diese Worte taten mir gut.

Nach dem Kaffeetrinken in Bad Wildungen trafen sich die Lehrer zu einem festlichen Zusammensein in Borken. Es wurde ein schöner Abend. Um Gott dafür zu danken, suchte ich einen stillen Winkel auf. Für den weiteren Verlauf des Lehrertreffens wollte ich ihm in Gesprächen zur Verfügung stehen, falls sich das ergeben würde.

Als ich danach den Saal betrat, fand ein Spiel statt. Die Herren bildeten einen Kreis, einen zweiten darum herum die Damen. Wenn die Musik aufhörte, musste man sich mit dem gerade Gegenüberstehenden drehen. Nach einigen Takten ging man in die Kreise zurück.

So tanzte ich gerade mit einem dunkelhaarigen jungen Mann, den ich fragte: „Sind Sie

auch Lehrerpraktikant?" – „Nein", antwortete er, „ich bin Theologe." – Nur um Konver-
sation zu machen, stellte ich ihm später die
Frage: „Wo haben Sie denn studiert?" – Er
entgegnete: „In Wuppertal, Mainz, Heidel-
berg und Hamburg. Mein Hobby sind Missi-
onswissenschaften. Ich möchte nämlich mal
nach Afrika gehen." – Leise sagte ich: „Und
ich auch." Da wusste ich im Stillen: Das wird
dein Mann!

Im dicht besetzten Saal suchten wir uns einen Platz. Wir redeten und redeten und ver-
gaßen die Welt um uns her. Über den Glauben an Jesus Christus sprachen wir. Dabei
waren wir uns einig, wie viel er uns bedeutete. Um Mitternacht stießen wir auf den 28.
Geburtstag meines neuen Bekannten an. Er
ließ sich meine Adresse geben und wir setzten einen Termin für einen Besuch bei mir
fest.

Mein Glück war nicht zu beschreiben.
Da hatte ich nach Afrika in die Mission gehen wollen und begegnete einem gläubigen
Christen, der dasselbe vorhatte. Niemand
hatte uns einander vorgestellt. „Zufällig" –
nein, es war kein Zufall – standen wir uns
gegenüber. Obwohl wir beide bereits die
zwanzig überschritten hatten, waren wir zu

diesem Zeitpunkt ungebunden. Nie hätte ich es für möglich gehalten, dass ich mir meiner Sache so gewiss sein könnte: „Dieser eine Mensch ist der Richtige für mich. Gott hat uns zusammengeführt. Es war sein Plan."

Beinahe wäre die Sache noch am Anfang geplatzt. Wir hatten uns für einen Sonntagnachmittag in meiner Wohnung verabredet. Doch ich wartete vergeblich. Schließlich ging ich einmal die Treppe hinunter. Und wen erblickte ich durch die Glasscheibe der Haustür? Den erwarteten jungen Mann. Er hatte schon mehrmals geklingelt, aber jedes Mal ohne Erfolg. Eine Nachbarin meinte, ich sei sicher zu meinen Eltern gefahren.

Schon wollte er sich enttäuscht auf den Heimweg machen. Sein Stolz war verletzt. Sollte er sich überhaupt noch einmal bei mir melden? Und so hatte er ein letztes Mal auf den Klingelknopf gedrückt. Im selben Moment erschien ich von innen. Wie sich später herausstellte, hatte meine Vermieterin die Klingel während ihres Mittagsschlafes abgestellt und danach vergessen, sie wieder anzustellen.

Andere Treffen folgten. Sei es im „Herborner Schloss", bei seinem Lehrvater in Darmstadt, bei seiner Mutter oder meinen

Eltern. Nachdem wir uns schon über ein halbes Jahr kannten, wollte Gerhard, mein Freund, bei meinem Vater „um meine Hand anhalten". Kurz vorher hatten mich meine Eltern mit dem Satz erschreckt: „Wenn er immer noch nach Afrika will, kriegt er dich nicht!" Was sollte werden? Noch heute sehe ich meinen Liebsten und mich im Dunkeln am Schlossberg von Ulrichstein auf einer Bank sitzen und für das Gespräch beten. Und was geschah? Die gefürchtete Frage kam überhaupt nicht zur Sprache.

Kurz darauf verlobten wir uns. Wenn ich nachts wach wurde, drehte ich glücklich an meinem Verlobungsring.

Doch ganz ohne Probleme verlief die Zeit vor der Ehe nicht. Ich hatte manche Ehen scheitern sehen und so überfiel mich die Angst: „Bei dir könnte es auch schiefgehen!" Da war es wieder ein Wort der Bibel, das mir den Mut zum Heiraten gab: „Es wird kein Übel deiner Hütte begegnen", las ich bei meinem Zögern in Psalm 91. Moderner ausgedrückt: „Ich werde deine Ehe bewahren."

Um wie viel Schönes hätte ich mich gebracht, wäre ich meiner Angst gefolgt. Insgesamt haben wir 47 Jahre glücklich verheiratet zusammengelebt. Mein Mann betitelte unser Kennenlernen oft als „Sternstunde". Wie hat sie mein Leben verändert!

Von den irdischen Geschenken meines Vaters im Himmel ist mein Mann Gerhard das größte.

Durchkreuzte Pläne

Leider stellte sich bei der Tropenuntersuchung heraus, dass ich nicht tropentauglich war. Eine große Enttäuschung, besonders für meinen Mann. Er hatte seit seinem 10. Lebensjahr den Wunsch, nach Afrika zu gehen. Und doch hat er mir nie einen Vorwurf gemacht. „Dann soll unser Platz in Europa sein!", tröstete er mich noch. So blieben wir im Pfarramt.

Die Sache mit Afrika schien zu Ende, bevor sie angefangen hatte. „Wozu das Ganze?", fragte ich einmal einen kanadischen Missionar. Er meinte: „Vielleicht diente alles nur dazu, damit Sie und Ihr Mann sich finden sollten." Was wir zunächst nicht betrachteten: An unserem Dienstort Bad Endbach befand sich die Zentrale der Dorotheamission für das südliche Afrika. Im Lauf der Jahre entwickelte sich der Kontakt und mein Gatte wurde Vorsitzender für Deutschland. 1992 flogen wir zum 50-jährigen Jubiläum zum ersten Mal nach Pretoria; andere Aufenthalte zu den Missionsgeburtstagen folgten. Auch ein Baueinsatz in Sambia, zusammen mit dem Geschäftsführer, Waldemar Achenbach, gehörte dazu. Im September 2009 nahmen Herr Achenbach und Gerhard an einem Missionseinsatz bei den Buschleuten in Namibia teil. Anschließend standen Gebetstage in Südafrika und ein Besuch in Mosambik auf dem Programm. Außerdem befasste sich mein Mann intensiv mit der Geschichte der Dorotheamission.

Meine persönliche Aufgabe sehe ich bis heute darin, diese Mission finanziell zu unterstützen. Ihre Kranken und deren Angehörige liegen mir besonders am Herzen.

Wenn wir auch nicht selbst hinausgehen konnten, durften wir den Missionaren auf diese Weise zur Seite stehen.

... und danach: die ersten Ehejahre

Nach einem Jahr Verlobungszeit heirateten wir am 2. Oktober 1965 in Lich/Oberhessen. Als Trauspruch wählten wir aus der Bergpredigt Jesu den Vers aus Matthäus 6,33: „Trachtet zuerst nach dem Reich Gottes und nach seiner Gerechtigkeit, so wird euch das alles zufallen." Das sollte das Motto für unser gemeinsames Leben sein.

Sechshelden bei Dillenburg wurde meinem Mann als Vikarsstelle zugewiesen. Lustig fanden wir Frischvermählten, wie Oma und Mutter nach der Hochzeitsreise und vor der Abfahrt in meine neue Heimat Kochrezepte auf mich einprasseln ließen. Etwas früher wäre sinnvoller gewesen! Doch ich hatte mir wohl mehr vom Kochen abgeschaut, als mir bewusst war. Mithilfe eines Schulkochbuchs fing es an, mir Spaß zu machen.

Große Freude bereitete es mir, im Frauen- und Mädchenkreis mitzuarbeiten. Meine Schwiegermutter hatte mir ein Buch über Clara Heitefuß, die Gründerin des Pfarrfrauengebetsbundes, geschenkt. Sie kam mir vor wie ein Engel der Gemeinde. Ihr Leben und ihr Dienst haben mich sehr beeindruckt.

Inzwischen war unser erstes Kind unterwegs. Vor der Geburt wollten wir noch einmal Urlaub in Holland machen. Aber der schneidend kalte Wind im Juni schadete mir sehr. Ich erkrankte an Kieferhöhlenvereiterung mit Fieber. Der Spezialist für Hals-Nasen-Ohren-Heilkunde in Middelburg schickte uns sofort nach Deutschland zurück. Das Bild, das in seiner Praxis hing, zeigte einen Arzt, der seinem Patienten den Puls fühlte und dessen Blick zu dem Kruzifix an der Wand ging. In Abhängigkeit von Jesus Christus verstand er wohl seinen Dienst.

Zu Hause suchten wir sofort einen Facharzt auf, und zwar in Lauterbach, in der Nähe meiner Eltern. Er versuchte, mir ambulant zu helfen, doch es gelang nicht. Wie schlimm war für mich als Hochschwangere die Nachricht, dass ich um eine Operation wohl nicht herumkommen würde. Bevor das Ausmaß der Diagnose des Doktors mir bewusst wurde, griff ich im Elternhaus nach einem Kalenderzettel mit einem Zitat von Dietrich Bonhoeffer: „Gott bewahrt die Seinen nicht vor dem Unglück, aber er bewahrt sie im Unglück." Dieser Satz beruhigte mich so, dass ich noch Eltern und Großeltern trösten konnte.

Der innere Frieden wich nicht von mir. Nur in einem Moment erfasste mich große Angst. Mein Mann hatte mich am Tag vor der Operation ins Krankenhaus gebracht und sich gerade von mir verabschiedet. Da sprang mich die Furcht vor dem Bevorstehenden wie ein Tier an. Im selben Augenblick klickte es am Kopfende meines Bettes. Die Andacht des Krankenhauses wurde übertragen. Ich weiß heute noch, was der Pfarrer predigte. Er erzählte von einer Familie, deren Boot auf einem stürmischen See kenterte. Der Vater, ein guter Schwimmer, fasste nach seinem Kind und brachte es ans Ufer. Dann stürzte er sich wieder ins Wasser, um seiner Frau beizustehen. Auch das gelang. „Siehst du das Ruder? Das musst du auch noch holen", forderte die Mutter den Vater auf. Er gehorchte seiner Frau, wollte nach dem Ruder greifen – da verließen ihn die Kräfte. Er sank – und hatte plötzlich festen Boden unter den Füßen. Sie hatten nicht gewusst, wie seicht der See war.

„So ist es auch mit uns", übertrug der Pastor die Geschichte, „auch wir haben Grund unter den Füßen, denn wir haben Jesus."

Wie Balsam wirkten diese Worte auf mich. Ich wurde wieder stark und getrost. Als ich zur Operation abgeholt wurde, rief mir meine Bettnachbarin noch den Satz nach: „Ich drücke Ihnen die Daumen." – „Beten Sie lieber!", gab ich zur Antwort.

Nach der Kieferhöhlenoperation, die mit einer Rückenmarksspritze betäubt worden war, beugte sich eine Diakonisse über mich. „Wie geht es Ihnen, Frau Lehmann?" – „Ich habe sehr zu danken", kam es aus tiefstem Herzen.

Drei Wochen später hielt ich unser erstes Kind im Arm. „Gott sei Dank, meine kleine Anette", diesen Satz konnte ich nicht oft genug wiederholen.

Leider bekam ich nach allem Schweren der zurückliegenden Wochen einen Milchstau. Das brachte mich an den Rand meiner Kräfte. „Jetzt kriege ich auch noch eine Brustentzündung!", klagte ich verzweifelt der alten Hebamme. „Frau Lehmann, wir haben doch einen Helfer", mit diesem Mut machenden Wort veränderte sie für mich die Welt. Ich hatte wieder Hoffnung.

Nach zweijähriger Vikarszeit galt es, von Sechshelden Abschied zu nehmen: Die Kirchenleitung versetzte uns nach Bad Endbach und Günterod. Bis das neue Pfarrhaus im Kurort fertiggestellt war, wohnten wir in Günterod. Wir waren überrascht, in dieser Gegend so viele verschiedene Denominationen anzutreffen. Aber Gott hatte uns sehr gut auf diese Situation vorbereitet. Unabhängig voneinander waren mein Mann und ich während unseres Studiums in der smd, der Studentenmission in Deutschland, zu Hause gewesen. Unsere Kommilitonen hatten aus unterschiedlichen Kirchen und Gemeinden gestammt. Wir sagten uns: „Wer zu Jesus gehört, zu dem gehören wir auch, einerlei, wo der Betreffende herkommt." Dieses Denken ebnete uns im Pfarramt viele Wege.

An ein Erlebnis aus dieser Zeit denke ich dankbar zurück. Durch eine Nierenbeckenentzündung litt ich an großer Schwäche. Die Jungscharstunde oder gar den Frauenkreis zu halten, wäre mir unmöglich gewesen. So bat ich Gott eines Morgens, mir einen kleinen Auftrag zu geben. Auf dem Weg zum Einkaufen sprang mir die „Aufgabe" geradewegs über den Weg. Es war das behinderte Kind einer kinderreichen Familie, die Landwirtschaft hatte. „Ich möchte Ihre Tochter zweimal die Woche unterrichten", bot ich der Mutter an. – „Wir freuen uns sehr darüber. Doch ich muss Ihnen mitteilen, dass wir nicht zu Ihrer Gemeinde gehören", gab sie zu bedenken, „mir macht es ja nichts aus." – „Und mir erst recht nicht!", antwortete ich prompt.

Das Mädchen betrat unser Haus, und ich spürte ein warmes Wohlwollen, auch von Gliedern anderer Gemeinden. Als unser zweites Kind, der kleine Martin, nach einem Tag starb, besuchten mich auch viele Christen aus den Freikirchen. Etwas später trug auch die Doktorarbeit meines Mannes, „Der Wind bläst, wo er will", über die Erweckungsbewegung im Hinterland zu einem guten Miteinander der verschiedenen Gemeinden in der Allianz bei.

Doch davon abgesehen, ging es mir gesundheitlich nicht gut. Die Nierenbeckenentzündung schwächte mich sehr. Zeitweise fühlte ich mich so schwach, dass ich – einen Meter vom Bett entfernt – Angst hatte, es nicht mehr hineinzuschaffen. Von der Klinik war mir ein Medikament verordnet worden, das die Krankheit bekämpfen sollte. Jedes Mal, wenn ich es eingenommen hatte, spürte ich in der Herzgegend ein Brennen wie ein Feuer. Und wenn der Schmerz nachließ, dann war die nächste Tablette fällig.

Auf dieses „Wundermittel" hatten wir unser Vertrauen gesetzt. Ich weiß noch heute, wie mein Mann vom Arzt zurückkam, nachdem die Laborwerte vorlagen.

Ich lag oben im Schlafzimmer und sollte nicht hören, dass das Resultat noch schlimmer als vorher war. Aber ich hatte es doch mitbekommen. Bevor mich die Angst packte, griff ich zum Losungsbüchlein der Herrnhuter Brüdergemeine. Beim Aufschlagen wurde ich auf das Bibelwort „Der Herr macht Blinde sehend" aufmerksam. ‚Wenn er das kann', so überlegte ich, „ist es ihm auch möglich, mich wieder gesund zu machen." Von diesem Augenblick an fühlte ich, dass alles wieder gut werden würde, auch wenn es noch eine Weile dauern könnte.

Die Trauer wird zum Fest

1968 kam unser zweites Kind auf die Welt. Schwach, aber glücklich, blickte ich in die guten Augen meines Mannes, der sich nach der Geburt über mich beugte. Wie dankbar waren wir für unseren Sohn Martin! Am nächsten Morgen wurde er jedoch wegen Atembeschwerden in die Kinderklinik verlegt. Banges Warten und Beten füllten die nächsten Stunden. Abends trat Frau Dr. Riecker an mein Bett und presste die Worte hervor: „Ich muss Ihnen leider sagen, dass Ihr Söhnchen tot ist."

Im ersten Schrecken schlug ich die Hände vor das Gesicht; danach aber kam mir der Satz in den Sinn und über die Lippen: „Gott macht keinen Fehler!" Er wusste, warum er den Tod unseres Kindes zugelassen hatte. Vielleicht, damit wir andere Trauernde besser verstehen können? Ich wusste damals nicht, wie recht ich mit meiner Vermutung hatte.

Die folgenden Tage waren eigenartig. Ich hatte einen toten Sohn, ich weinte auch, ich war traurig – aber nicht verzweifelt, nie ohne

Trost. Es umgab mich eine Geborgenheit, die ich mir nicht erklären konnte. Später erzählten mir Frauen aus unserer Gemeinde, sie hätten viel für mich gebetet. Zum ersten Mal erlebte ich etwas von der Macht der Fürbitte. Selbst die Ärzte wunderten sich. Bei der abschließenden Untersuchung gestand der Professor: „Frau Lehmann, wir wissen gar nicht, wie Sie das getragen haben." Ich suchte nach einer Antwort: „Das war nicht ich. Wer an Jesus glaubt, bekommt Kraft!"

Jedes Mal, wenn mich die Trauer überwältigen wollte, griff ich zum Losungsbüchlein der Herrnhuter Brüdergemeine und fühlte mich gestärkt. „Was lesen Sie da immer wieder?", fragte mich meine Bettnachbarin. „Das sind Bibelworte für jeden Tag", erklärte ich ihr. „Gottes Wort hat mir bis jetzt immer geholfen."

„Ich glaube, ich gehe auch mal wieder in den Gottesdienst", überlegte sie und machte mir mit dieser Bemerkung eine große Freude.

Am frühen Morgen des Entlassungstages heulte ich hemmungslos. Wie so oft erhoffte ich mir aus der Bibel einen Trost. Was aber fand ich zu meinem Erstaunen? „Die Zauberer, die Lügner, die Ehebrecher und die

Verzagten werden nicht in das Himmelreich kommen." Das Verzagtsein mit den anderen Sünden gleichzusetzen, erschien mir zuerst hart. Dann aber hörte ich auf zu weinen. Gerade das zupackende Wort war in diesem verzweifelten Moment das richtige gewesen.

Zu meiner großen Verwunderung stand für diesen schweren Tag, an dem ich mit leeren Armen heimkehren musste, der folgende Vers im Losungsbüchlein: „Ich will euch mehren und nicht mindern. Ich will euch herrlich machen und nicht geringer." Als ein Versprechen Gottes für ein neues, gesundes Kind fasste ich dies auf. Und tatsächlich haben wir später noch ein Mädchen und einen Jungen bekommen.

Nachdem meine Bettnachbarin mit ihrem kleinen Jungen entlassen worden war, wollte man mir den Anblick einer weiteren stillenden Mutter ersparen. So blieb ich allein im Zimmer zurück. Besuch erhielt ich, außer von meinem Mann, kaum. Meine Verwandten wohnten weiter weg und wollten mir nach dem Heimkommen zur Seite stehen. Viele Stunden verbrachte ich nur mit mir selbst. Langsam begann ich, mich vor der Beerdigungsstunde zu fürchten. Ich würde bestimmt nur weinen und grübeln. Um 14

Uhr sollte sich der traurige Zug von meinem Elternhaus zum Friedhof meines Heimatortes in Bewegung setzen. Pünktlich um 14 Uhr klopfte es an meine Zimmertür, und Frau Koch, eine alte Dame aus der jetzigen Nachbargemeinde, trat ein. Sie wusste nichts von meinen schweren Gedanken und dem Geschehen auf dem Gottesacker. Wir plauderten zusammen, und ich vergaß darüber die Zeit. Gegen 15 Uhr verabschiedete sie sich. Befreit und von Herzen dankbar stellte ich fest, dass ich nicht ein einziges Mal an die Beerdigung meines Kindes hatte denken müssen.

Einige Jahre später berichtete mir eine Bekannte von der glücklichen Geburt ihres Enkelkindes. Ich freute mich von Herzen mit ihr und dem jungen Paar. Aber schon wenige Tage später erfuhr ich, dass das Kleine nicht durchgekommen sei. Am Telefon teilte es mir Frau Müller (Name wurde geändert) selbst mit: „Ja, das Baby ist leider wieder gestorben. Die jungen Leute sind sehr verzweifelt. Morgen um 11 Uhr ist die Beerdigung."

Da wurde ich an den Beerdigungstag unseres Martin erinnert. Genau wie ich konnte auch die junge Frau aus meiner Bekanntschaft nicht an der Begräbnisfeier für ihre kleine Tochter teilnehmen, da sie noch im Krankenhaus lag. Was lag da näher, als die zarte Fürsorge, mit der Gott mich damals durchgetragen hatte, mit einem Besuch bei dieser Frau zu erwidern?

Die Zeiger der großen Uhr im Flur der Entbindungsstation standen genau auf 11, als ich die Tür zum Krankenzimmer öffnete. Frau Müller war überrascht und erfreut zugleich. Dass wir das gleiche Schicksal hatten, verband uns schnell miteinander. Interessiert hörte sie zu, als ich ihr erzählte, wie Gott mich in ähnlicher Lage aufgerichtet hatte. Ich sprach auch davon, dass ich an den auferstandenen Jesus Christus glaube und hoffe, meinen kleinen Sohn bei ihm wiederzusehen. Jesus selbst hat versprochen: „Ich lebe, und ihr sollt auch leben." Wir beteten um Kraft und auch wieder um frohere Zeiten.

Nach ein paar Tagen rief mich die Schwiegermutter der jungen Frau an und sagte mir, wie sehr sich das Paar über meinen Besuch im Krankenhaus gefreut habe. „Die beiden sind wie verwandelt. Mein Junge, der vorgestern noch verzweifelt bei mir saß, ist ganz anders geworden. An den zweien ist ein Wunder geschehen!" Ein tiefes Gefühl der

Dankbarkeit erfasste mich. Gott tröstet uns, damit wir andere trösten können. In einem Lied von Hanneliese Schmidt heißt es:

Er verwandelt alle Not,
und die Trauer wird zum Fest,
wenn er seine Herrlichkeit über dir erschei-
nen lässt.

Bewältigte Trauer

Vier Wochen nach dem Tod unseres Martin wurde es Weihnachten. Mir war Angst vor dem Heiligen Abend, an dem ich bestimmt nur weinen und grübeln würde. Auch die zweijährige Anette, die fröhlich auf dem Boden herumkrabbelte, vermochte mich nicht zu trösten. Wie sollte ich nur die kommenden Stunden überstehen?

In meine traurige Stimmung hinein verschaffte sich ein ganz anderer Gedanke Raum. Wem wird es denn in unserem Dorf heute Abend noch schlechter als mir ergehen? Der junge Lehrer fiel mir ein, dessen Vater wenige Tage vor dem Fest beerdigt worden war. Seine frische Trauer schmerzte sicher noch mehr als meine, die schon drei Wochen dauerte.

Ich entschloss mich, ihn kurz zu besuchen. Er freute sich sehr, und ich erlebte, wie die schweren Tage uns mehr miteinander verbanden als die guten. Schon etwas getröstet durch das gemeinsame Leid, setzte ich meinen Weg zu einem anderen Haus fort. Hier lebte ein alter, gehbehinderter Witwer, der von seiner Tochter gepflegt worden war. Vor einigen Monaten war sie vor ihm in die Ewigkeit abberufen worden.

Wie gut hatte ich es dagegen! Zu Hause warteten mein lieber Mann und mein kleines Kind auf mich. Auf dem Heimweg von dem leidgeprüften Greis hatte ich meine Trauer unter den Füßen. Zwar würde ich noch weinen, aber der Schmerz übermannte mich nicht mehr. Ich fühlte mich in der Lage, das Auferlegte zu tragen.

In Bezug auf die Menschwerdung Jesu hat mir der Tod meines Jungen zu einem neuen Sehen verholfen. Ich wusste nun, wie weh es tat, ein Kind zu verlieren. Wie weh musste es auch Gott getan haben, seinen Sohn für unsere Schuld sterben zu lassen. Im Römerbrief steht ja das Wort: „Denn er hat seines eigenen Sohnes nicht verschont, sondern hat ihn für uns alle dahingegeben ..." Der eigene Verlust ließ mich erahnen, wie groß die Liebe Gottes zu uns sein musste.

Inzwischen war das neue Pfarrhaus in Bad Endbach fertiggestellt. Im Frühling 1969 erfolgte der Umzug. Von der Landgemeinde wechselten wir in einen aufstrebenden Kurort. Oft musste ich mir einen Weg durch die Menschen bahnen; so viele drängten sich besonders an den Sonntagen durch den Kurpark. Die kleine Kirche fasste den sonntäglichen Besucherstrom kaum. Eine Erweiterung musste in Angriff genommen werden.

Dann meldete sich unser drittes Kind an: eine schwere Schwangerschaft! Nervlich hatte ich große Probleme. Dazu kam, dass ein Freund aus unserem Hauskreis an Krebs starb. Eine tiefe Depression legte sich auf mich. Als ich mit meinem Frauenarzt über den Tod des Freundes sprach, fuhr er mich an. „Das geht Sie gar nichts an! Freuen Sie sich auf Ihr Kind!" Wie würde bloß die Geburt werden, wenn es mir in der Schwangerschaft schon so schlecht ging? Das fragte ich mich oft voller Furcht.

Und dann passierte Folgendes: Ich wachte nachts auf und spürte ein Ziehen im Unterleib. Waren das schon Wehen? Sollte ich liegen bleiben, sollte ich aufstehen? Da fiel mein Blick im Losungsbüchlein auf das Wort „Stehet auf!", das Jesus zu seinen Jüngern in der Verklärungsgeschichte gesprochen hatte. In meinem Zögern nahm ich dieses Wort Jesu wörtlich, und das war gut so! Die herbeigerufene Hebamme, die mich in die Klinik bringen sollte, sauste mit mir in rasantem Tempo durch die Nacht. Mit der rechten Hand hielt sie mir die Brechschale hin, mit der linken steuerte sie den Wagen. Mein Mann schaffte es mit seinem Auto kaum mitzuhalten. Am Eingang des Krankenhauses setzten die Presswehen ein. Die Kleider wurden mir vom Leib gerissen. Zeit, meinen Namen zu nennen, blieb auch nicht mehr. Für Gerhard, der gerne bei der Geburt dabei sein wollte, fanden sich in der Eile keine weißen Schuhe. Bevor ich nachdenken konnte, war Dorothee geboren. Wie gnädig von unserem Vater im Himmel, dass ich zum Angsthaben gar nicht mehr kam!

Leider musste Dorothee nach sieben Monaten eine Spreizhose tragen. Meiner Meinung nach viel zu spät! Von Stund an konnte sie nicht mehr gut schlafen. Sie schreckte viele Male nachts auf. Um selbst überhaupt noch zur Ruhe zu finden, legte ich mich neben sie. Jahrelang wurde ich nachts gestört. „In guten Nächten muss ich nur dreimal aufstehen", erklärte ich einmal dem Kinderarzt. In einem Jahr zählte ich 21 Nächte, in denen ich durchgeschlafen hatte.

In der Gemeinde machte mir die Frauenarbeit viel Freude. In Wommelshausen entstand ein Kreis, in Bad Endbach erinnere ich mich an einen Blumensteckkurs. Zu Themen, die Frauen interessieren, luden wir die Frauenärztin, Frau Dr. Heuk, ein. Frau Aebi vom Bibelkreisbund referierte über Witwenschaft.

1974 wurde ich zum 4. Mal schwanger. Hoffentlich würden die nervlichen Beschwerden nicht wiederkommen. Da las ich am Beginn der Schwangerschaft beim Bibellesen im Buch des Jesaja das Wort: „Du wirst ferne sein von Depression (Bedrückung), sie soll sich nicht zu dir nahen." Das tröstete mich sehr, ebenso die Gebete treuer Christen. Und Gott hielt Wort. Doch eine große Aufregung blieb uns nicht erspart.

In Bad Endbach brachen die Röteln aus. Ich selbst hatte die Krankheit als Mädchen nicht durchgemacht und war auch nicht dagegen geimpft worden. In den umliegenden Orten waren ein Baby blind, ein anderes taub und ein Zwilling geistig behindert zur Welt gekommen. Ich flüchtete in den Vogelsberg zu meiner Mutter. Doch in der Nachbarschaft hatten sich auch Kinder mit der Infektion angesteckt.

In meiner Not suchte ich eine 92-jährige Christin auf. Ich wollte sie bitten, für die

Gesundheit unseres ungeborenen Kindes zu beten. Im Hausflur begegnete ich einer anderen jungen Mutter, die gerade auch bei der betagten Frau ihr Herz ausgeschüttet hatte. Wie kostbar sind doch unsere alten Beter!

Wieder zurückgekehrt nach Bad Endbach, stellte ich voller Schrecken fest, dass Dorothee von oben bis unten mit roten Pusteln übersät war. Noch in der Nacht wurde die Gamma-Globulinspritze aus den Behring-Werken beschafft. Manchmal sprang mich die Angst an, das Ungeborene könnte krank sein. Dann sagte ich mir jedes Mal einen Bibelvers aus dem Buch des Propheten Daniel auf. Denn Gott hatte ihn in der Höhle der Löwen bewahrt: „Man fand keine Verletzung an Daniel, denn er hatte seinem Gott vertraut."

Einmal betete ich: „Herr, wenn dieses Kind gesund zur Welt kommt, will ich es dir für deinen Dienst hergeben." Tatsächlich hat Gott dieses Gebet ernst genommen, doch davon an späterer Stelle. Er tut wunderbare Dinge. Ich kann ihn nur loben und preisen.

Am 1. Juli 1975 hielt ich dann einen kräftigen kleinen Jungen im Arm. Vor bedrückenden Gedanken hatte der Herr mich in dieser Schwangerschaft verschont. Doch am Tauftag fühlte ich mich morgens früh ganz elend und ängstlich. Ich schaltete den Evangeliumsrundfunk ein. Bis heute weiß ich, was der Prediger sagte: „Manchmal können wir Gott bitten, in uns eine Trennwand zwischen dem Gestern und dem Heute zu errichten. So werden wir schwere Erlebnisse los." Der Satz half mir augenblicklich.

„Du sahst heute so strahlend und friedlich aus!", wunderte sich die Patentante unseres Täuflings.

Unsere Frankfurter Zeit

In Bad Endbach hatten wir Wurzeln geschlagen. Mein Mann wollte jedoch gern noch eine Großstadtgemeinde kennenlernen. Eine Delegation von Frankfurter Kirchenvorstehern aus der Emmausgemeinde hörte ihn in unserer Kirche predigen. Hinterher baten sie ihn, sich zu bewerben.

Mir fiel es sehr schwer, mich von Bad Endbach zu lösen. Ich wusste zwar, ich würde mit meinem Mann gehen, doch innerlich war ich voller Widerstand. Eines Morgens hörte ich eine Andacht im Evangeliumsrundfunk über den Auszug Abrahams aus seiner Heimat. Es fielen die Worte: „Auf dem Weg des Gehorsams liegt die Verheißung."

Das schlug bei mir ein. Um den Segen Gottes wollte ich mich nicht bringen und so entschloss ich mich zu einem Ja. Einmal stellte mir eine Frau aus unserer Gemeinde die Frage: „Frau Lehmann, tut es Ihnen denn gar nicht leid, dass Sie uns verlassen?" – „Das frage ich nicht mehr", lautete meine Antwort.

Ein anderes Wort aus dem Jesajabuch

stand auch über dieser Zeit wie ein Versprechen Gottes: „Siehe, du wirst Menschen ru-
fen. Und Menschen werden zu dir laufen um
des Herrn, deines Gottes willen."

Und tatsächlich, durch unseren jüngsten
Sohn kam ich an unserem neuen Dienstort
Frankfurt in Kontakt mit jungen Kinder-
gartenmüttern. Christa Mewes hielt gerade einen Vortrag darüber, wie wichtig die
ungebrochene Mutter-Kind-Beziehung in
den ersten vier Jahren sei. Ich stand danach
auf und ermutigte die jungen Mütter, eine
Gruppe zu gründen. In ihr könnten wir uns
gegenseitig Mut machen, die Jahre mit den
kleinen Kindern gut durchzustehen. Das geschah. Es war mir wichtig, bei unseren regel-
mäßigen Treffen etwas von meinem Glauben
an Jesus weiterzugeben. Noch heute, nach
35 Jahren, besteht dieser Kreis, auch wenn
unsere Sprösslinge von damals längst den
Kinderschuhen entwachsen sind. Das ist mir
eine große Freude.

Erwähnen möchte ich noch unsere Verbindung zu den Diakonissen „Im Uhrig", einer
Station des Marburger Diakonissenmutter-
hauses in Eschersheim/Frankfurt. Montag-
morgens und jeden Mittwochabend lernte
ich, wie lebendiges Christsein aussieht. Ge-

meinsam wurden familiäre und gemeindliche Lasten im Gebet vorgebracht. Besondere Höhepunkte boten die Freizeiten für Frauen in Haus Sonneck in Marburg-Wehrda. „Papa, lass die Mama mal wieder nach Marburg!", riet ein kleiner Junge seinem Vater. „Da wird sie wieder normal."

Mittlerweile arbeite ich bei den Frauenfreizeiten dort schon seit über 30 Jahren mit. Bereits in der Endbacher Zeit und in Frankfurt begann ich neben der Frauen- und Kinderarbeit, Erlebnisse aus dem Alltag aufzuschreiben. Ich sagte mir: „Gott hat dich so etwas Schönes erfahren lassen. Da willst du ihm die Freude machen, es nicht zu vergessen." Später wurden sie im Francke-Verlag gedruckt. Mein erstes Buch hieß „Das schwarz-weiß Geblümte", das zweite „Ich war so mutlos, aber ...".

Einige dieser Geschichten will ich hier wiedergeben.

Das schwarz-weiß Geblümte

Es war der 27. Mai 1977. Tagelang bewegten mich bange Gedanken um die Zukunft. Werden wir unserem Glauben immer treu bleiben? Auch dann, wenn schwerere Zeiten für Christen kommen? Diese niederdrückenden Überlegungen machten mir zu schaffen.

Am Sonntagmorgen ging ich mit meinem einjährigen Thomas in den Niddawiesen spazieren. Diese unbeschreiblich duftende, wunderschöne Natur im Mai, die der Herr geschaffen hat! „Herz, lass dein Sorgen sein", das Lied aus unserem Kinderchor, begleitete mich seit Tagen und zeigte mir immer wieder einen Weg aus meiner Schwermut. An die zweite Strophe erinnerte ich mich besonders deutlich:

> *„Sieh nur die Lilien an,*
> *wer hat sie angetan*
> *mit solcher Zier?*
> *Gott webt zu aller Zeit*
> *ihnen das Feierkleid,*
> *webt es auch dir."*

Auch mir? ‚Ach ja, ein neues Kleid hätte ich auch mal gern wieder‘, dachte ich so bei mir. Aber ich war gerade in Trauer um meinen Vater und wollte mir nicht zu viel Dunkles kaufen, das hinterher nur im Schrank hängen würde. Doch in dem Lied hieß es ja: „... webt es auch dir!" Bei dem Gedanken, dass Gott sich um unsere Garderobe kümmern kann, fing ich an, mich zu freuen. Nur schade, dass es gerade Sonntag war und alle Geschäfte geschlossen waren.

Am Nachmittag fuhren wir zur Konfirmation unserer Nichte nach Worms. Nach dem Kaffeetrinken nahm mich meine Schwägerin beiseite und verriet mir: „Barbaras Patentante, die eine Textilfabrik besitzt, hat uns günstige Kleider mitgebracht." Wir schauten sie uns an und – ich konnte es kaum fassen – es war ein schwarz-weißes im Dirndlmuster dabei, das mir passte und gut stand.

Innerlich war ich beschämt und glücklich zugleich über die treue und zarte Fürsorge Gottes, die bis ins Kleinste ging. Ich dachte bei mir: Du wolltest mir nicht nur ein neues Kleid schenken. Du wolltest mir sagen: „Siehst du nicht, wie unnötig deine Angst um die Zukunft ist? Als ob ich nicht da wäre! Herz, lass dein Sorgen sein!"

Einige Tage später erhielten wir indischen Besuch, Herrn Kasturi aus Madras. Zum Abschied überreichte er meinem Mann eine exotische Krawatte, ein rosa Oberhemd im Indian Style und mir ein langes, mit Pfauen bedrucktes Abendkleid, ein ausgesprochenes „Feierkleid". Nun wurden uns auch noch in diesen Tagen zwei Konzertkarten geschenkt. Als ich dann mit Gerhard zur Aufführung von Haydns „Schöpfung" in den Palmengarten ging, weihte ich mein neues Festkleid ein. „Du gehörst wohl zu den oberen Zehntausend", meinte mein Mann, „da bin ich ja richtig stolz auf dich!" So etwas hatte er in unserer zwölfjährigen Ehe noch nie gesagt.

Die kleinen Dinge

Als meine Kinder noch jünger waren, packte mich mitunter die Unzufriedenheit. Ich hatte das Gefühl, in Babygeschrei und Windeln unterzugehen. Wie gerne hätte ich einmal etwas Aufsehenerregendes geleistet, was in aller Munde gewesen wäre. Etwas, das „glänzte"! Aber für mich schienen nur die kleinen Dinge übrig zu bleiben. Von solchen Gedanken umgetrieben, schob ich ein wenig missmutig den Sportwagen mit dem zweijährigen Thomas zur Post.

Dort fiel mir eine junge Mutter auf, die einen Riesenstoß Briefe mit Marken zu versehen hatte. Ihr Kleinstes im Kinderwagen schrie wie am Spieß, das Mittlere hing an ihrem Rock, und auch das Größere tat irgendetwas, das es nicht tun sollte.

Sicher will sie die Verwandtschaft und die Freunde über ein freudiges Ereignis informieren oder sich für Glückwünsche bedanken, dachte ich so bei mir. Weil sie mir leidtat, bot ich ihr meine Hilfe beim Kleben an. Dabei erfuhr ich, dass die Familie erst kürzlich nach Frankfurt umgezogen war. Die junge

Frau wollte gerade allen Verwandten und Bekannten die neue Adresse mitteilen. „Bestimmt haben Sie noch wenig Kontakt. Da möchte ich Sie zu unserem Jungmütterkreis einladen", fügte ich hinzu. Freundlich verabschiedeten wir uns voneinander.

Dass ich einem fremden Menschen ein wenig geholfen hatte, machte mich auf meinem Heimweg glücklich.

Einige Tage später kam mein Mann von einer Dekanatskonferenz zurück. Wie erstaunt war ich, als er berichtete, ich sei dort öffentlich gelobt worden. – Was? Das konnte doch nicht sein! „Und doch ist es so", lachte er. „Ein junges Pfarrerehepaar ist erst vor ein paar Tagen hierher gezogen. Der Pastor hat sich sehr gefreut, dass seine Frau schon Beziehungen zu einer Pfarrfrau namens Lehmann geknüpft habe. Sie sei sogar schon in einen Kreis der Gemeinde eingeladen worden."

Das Lob stimmte mich nachdenklich. Ich hatte etwas ins Auge Fallendes leisten wollen, dazu aber keine Gelegenheit gehabt. Wie immer hatte ich es mit kleinen Dingen zu tun, dieses Mal sogar mit besonders kleinen: Briefmarken. Aber in Gottes Augen waren es anscheinend große Dinge gewesen ...

Aufgerichtet

Im September 1978 waren wir mit unserer Familie für drei Wochen an der Nordsee, auf der Insel Spiekeroog. Wie nötig hatte ich in diesem Jahr die Erholung! An einem Tag unternahmen wir eine ausgedehnte Wanderung, die uns am Strand entlangführte. Den Rückmarsch legte ich allein zurück. Durch den tiefen Sand kam ich nur schwer vorwärts. Ein scharfer Wind blies mir entgegen. Dunkle Wolken hingen am Himmel. Scheinbar wollte jeden Moment ein Unwetter losbrechen.

In meinem Innern sah es nicht anders aus. Ich fühlte mich so ausgelaugt. Die Arbeit, die mich nach dem Urlaub zu Hause wieder erwarten würde, stand wie ein Berg vor mir. Ich schaffte das einfach nicht mehr, die drei Kinder, den Haushalt und die Verantwortung in der Gemeinde. Außerdem sollte ich meinem Mann in der Frauenstunde der älteren Damen helfen. Ich kam mir so überfordert, so mutlos, so ängstlich vor. Erschöpft warf ich mich in die Sanddünen. Ich konnte nicht mehr und ich wollte auch nicht mehr!

Als ich so ermattet dalag, kam mir ein Mann in den Sinn, mit dem ich mich in diesem Moment sehr verbunden fühlte. Auch er hatte einen weiten Weg hinter sich. Auch er lag „am Boden", auch seine Zukunft stand dunkel vor ihm. Es war Jakob aus dem Alten Testament. Er hatte seinen Bruder Esau betrogen und musste nun vor ihm fliehen. In seine ausweglose Situation sprach Gott durch einen Traum das Wort hinein: „Ich bin mit dir und will dich behüten, wohin du ziehst!"

Gott ist heute noch derselbe, das wusste ich; aber hatte ich das Recht, dieses Wort auch auf mich zu übertragen? Eine Stelle aus den Briefen des Apostels Paulus fiel mir ein: „Ihr seid alle Gottes Kinder durch den Glauben an Christus Jesus." So durfte auch ich das Wort meines himmlischen Vaters, das einst an Jakob gerichtet war, für mich persönlich nehmen. Das Versprechen „Ich bin mit dir" verwandelte mich. Gott war mir nahe, im Urlaub und auch dann, wenn ich wieder daheim war. Er würde mich segnen und mir meine Arbeit gelingen lassen.

An unserem letzten Ferientag auf Spiekeroog hielt ich ein Buch in der Hand, das ich mir in der Inselkirche ausgeliehen hatte.

Es stammte aus der Feder von Michel Quoist und trug den Titel „Herr, da bin ich!". Ein Gebet daraus bewegte mich:

> *Herr, ich werde dich nicht mehr vergessen können.*
> *Jetzt weiß ich dich da, nahe bei mir,*
> *und im Frieden arbeite ich unter deinem Liebesblick.*
> *Herr, und ich bin deiner gewiss.*
> *Du bist da, und ich jauchze auf.*
> *Die Sonne überflutet alles,*
> *und mein Leben strahlt wie ein Geschmeide.*
> *Alles ist leicht, alles ist voll Licht.*
> *Alles ist rein. Alles singt!*
> *Danke, Herr, danke.*

Als wir ein letztes Mal am Stand entlangspazierten, brach plötzlich die Sonne durch, dann folgte ein Regenschauer, aber wir hatten Capes dabei. Unsere nassen Hosen trocknete der Wind. Die Taschen, die prall mit Muscheln gefüllt waren, standen weit ab. Wir liefen am Wasser entlang und sprangen über Priele. Das Meer leckte an meinen Gummistiefeln.

In diesem Urlaub hatte der Herr mir gute

und frohe Gedanken geschenkt und auf einmal war die Frauenstunde für die nächste Woche schon vorbereitet. Ich beschloss, das Erlebte weiterzugeben und davon zu erzählen, wie Gott mich aus meiner Mutlosigkeit aufgerichtet hatte.

Auf die Tische im Gemeindehaus mit den blauen Tischtüchern würde ich Muscheln legen und die Vasen mit Strandflieder füllen. Dann würden wir das Lied singen „Herr, deine Liebe ist wie Gras und Ufer, wie Wind und Weite und wie ein Zuhaus!". Und zum Schluss würde ich das Gebet vorlesen: „Herr, ich werde dich nicht mehr vergessen können."

Da wusste ich, dass Gott mir immer nahe war, egal, was passierte.

Arbeit in einer ungewohnten Branche

Es gab Tage in meinem Leben, da staunte ich schon am Morgen darüber, wie gut es mir ging. Meine Kinder waren gesund und mein Mann hatte mich gern. An solchen Tagen wollte ich aus Dankbarkeit Gott gegenüber einem anderen Menschen etwas Gutes tun. Aber wem? Nun, zunächst räumte ich die Wohnung auf, machte die Betten, goss die Blumen und setzte die Waschmaschine in Gang. Als es klingelte, stand Frau Vogt vor der Tür. Sie war rheumakrank, hatte gekrümmte Finger und obwohl sie erst etwa 35 Jahre alt war, setzte sie sich langsam und hielt sich dabei am Tisch fest. Das Auto ihres Mannes war defekt, mit dem er Pakete für Fabriken ausfuhr. Somit war der Verdienst ausgefallen. An diesem Morgen hatten sich die Kinder um ein Stück Brot gestritten.

Nachdem ich ihr eine kräftige Wurstschnitte vorgesetzt hatte, konnte ich ihr im Gemeindebüro einen Lebensmittelgutschein für 80 DM besorgen.

Dann kam die andere Not heraus: „Mein

Mann will mich nicht mehr. Er sagt zu mir: ‚Du alte Schachtel!‘ Jetzt habe ich mir auch noch die Haare abschneiden lassen, und er will lange. ‚Nun ist es ganz aus!‘, hat er neulich gemeint.“

Sie sah aber auch wirklich zerrupft und zerfranst aus. „Geben Sie mir einen guten Rat, Frau Lehmann“, bat sie mich. Ich entschied: „Jetzt beten wir erst mal für Ihre Ehe. Und dann machen wir Sie schön.“ Ich schnitt ihr einen Pony, wusch die Haare und drehte sie auf Wickler. Innerlich betete ich: „Herr, hilf, dass sie nicht fürchterlicher als vorher aussieht.“ Als sie fertig frisiert war, gefiel sie mir gut. Sie sich selbst auch. Fröhlich und beschwingt, soweit ihr Rheuma das zuließ, hüpfte sie die Treppe hinunter.

Gott hatte meinen Wunsch, einem Menschen etwas Gutes zu tun, ernst genommen und mir die Gelegenheit dazu gegeben. Darüber freute ich mich.

Aber wie überrascht war ich, als nach ein paar Tagen die katholische Gemeindeassistentin anrief: „Ist Frau Vogt wirklich in Not? Sie war bei uns und wollte etwas zu essen haben. Die Frau sah so chic aus, mit einer netten Frisur, die bestimmt 50 DM gekostet hat und frisch vom Friseur stammt. Sicher hat die Dame dort Schulden gemacht, und wir sollen ihr jetzt das Geld dazu geben."

Ich konnte vor Lachen kaum an mich halten, als ich ihr von meinem Versuch als „Friseurin" erzählte. Da meinte ausgerechnet die katholische Gemeindeassistentin in ihrem süddeutschen Dialekt: „Jetzt seh' i doch, dass der Pfarrer a Fraa braucht!"

Verschiedene Gaben

Es war eine laue Mainacht 1979, mit einem Herzen voller Dank und Freude saß ich auf dem Balkon. Schon am Morgen hatte ich an derselben Stelle gesessen, aber sehr niedergeschlagen. Ständig verglich ich mich mit einigen Bekannten, alles perfekte Hausfrauen. Diese Gabe fehlte mir, und darüber hatte ich mich in niederdrückende Gedanken versenkt. Da hatte es geklingelt.

Die junge Frau, mit der ich vorige Woche ein langes Nachtgespräch über ihr Leben geführt hatte, stand mit einem Arm voll herrlicher Gladiolen an der Tür. Sie hatte sich so über unsere Unterredung gefreut, dass sie mir danken wollte. Seit diesem Tag spüre sie innerlich eine große Ruhe. „Die Bibel nennt das Friede", fügte ich hinzu. Die Frau hatte viel zu erzählen: „Als ich gegen zwei Uhr morgens von Ihnen heimkam, bemerkte mein Mann mich nicht und deshalb konnte er mich auch nichts fragen. Meine Schwiegermutter war wegen eines Streites einige Tage nicht zu den Mahlzeiten heruntergekommen und hatte auch den Balkon mit einem quer gestellten Tisch abgeteilt. Das hatte ich Ihnen ja schon erzählt. Darauf stellte ich gestern einen Feldblumenstrauß mit dem Zettel: *Die ersten Margeriten aus den Wiesen. Zur Versöhnung!* Beim Mittagessen reichte die Oma mir dann die Hand und meinte: ‚Ich hab' mich übrigens sehr gefreut.'"

Frau Mertens hatte nun keinen Groll mehr im Herzen. Wir beteten noch zusammen. Als sie ging, umarmte sie mich. Ich wurde über dem Erlebten selbst ein glücklicher und jubelnder Mensch und die deprimierenden Gedanken über meine mangelnden Fähigkeiten waren wie weggeblasen.

Abends dann fand der erste Abend unserer Bibelwoche statt. Der 135. Psalm wurde behandelt:

> *„Lobet den Herrn, denn der Herr ist freundlich;*
> *lobsinget seinem Namen, denn er ist lieblich."*

‚Ja, Herr, das bist du', dachte ich so bei mir. ‚Und sollte ich es in diesen Tagen vergessen, so erinnern mich fünfzehn rosa Gladiolen daran.'

Wieder im Hinterland und ein schwerer Gang

1978 hörte der damalige Direktor des Theologischen Seminars „Tabor", Günter Hopp, meinen Mann in einer Veranstaltung predigen. Und weil er ihn daraufhin bat, an seiner Ausbildungsstätte mitzuarbeiten, galt es, wieder einmal die Umzugskartons zu packen. Wir wurden mit viel Wärme in die Gemeinschaft am Ortenberg in Marburg aufgenommen. Der kleine Gebetskreis bei Familie Heßler bedeutete mir sehr viel. Auch unsere Kinder fühlten sich wohl dort. Aber an einem Samstagnachmittag gab es eine schreckliche Aufregung. Unser vierjähriger Thomas klingelte an der Haustür Sturm. Totenblass stammelte er: „Der Papa wird verhaftet!" Was war geschehen? Unsere Kinder hatten auf der Straße Ball gespielt. Und als das runde Leder auf einem angrenzenden, umzäunten Grundstück landete, rief eine ärgerliche Frau am Fenster: „Das Betreten eines fremden Grundstücks ist verboten! Spielt vor eurem Haus!" Die Kinder probierten es weiter unten in unserer Nähe. Aber die Straße war zu abschüssig. So kehrten sie zum Ausgangsplatz zurück. Wieder rollte der „Stein des Anstoßes" vor das besagte Gebäude und kullerte schließlich in den Garten. Unsere 13-jährige Anette wurde hineingerufen. Der Mann bemängelte ihr Benehmen und ihre Erziehung. Weil er für das Gartentor keinen Schlüssel habe, müsse der Ball 14 Tage – bis zur Rückkehr der Besitzerin – liegen bleiben, erklärte er in drohendem Ton. Da fiel ihm meine Tochter ins Wort. „Er muss aber raus! Er ist noch neu und ein Geburtstagsgeschenk!" In diesem Augeblick schrie seine Frau: „Die Kinder haben den Ball schon rausgeholt!" Da brüllte er: „Ich rufe die Polizei!"

Nachdem meine Trabanten mich so weit unterrichtet hatten, versuchte ich ihnen klarzumachen, dass sie sich verteidigen dürften, es aber stets auf die Art und Weise ankomme, wie das geschah. Dann beschäftigten sich meine Gedanken mit dem Ehepaar selbst. Wie sollte ich mich ihm gegenüber verhalten? Einerseits möchte man den Kindern zur Seite stehen, andererseits den Menschen keinen Anstoß geben und ihnen am liebsten auf dem Weg zu Christus behilflich sein. Was also tun?

Das fragte ich auch eine junge Frau aus

unserem Haus. Sie erzählte mir von einer Mutter, die sich in einem ähnlichen Fall mit einem kleinen Geschenk für ihre Zöglinge entschuldigt hatte. Das war auch die Richtung für mich.

Zwei Tage später stand ich ängstlich vor der Haustür der besagten Mieter. Wie schwer fiel mir dieser Weg! Ich betete, dass durch diese Sache unser Verhältnis zu ihnen besser würde und sie auch Gott näherkamen. Ein Bibelwort gab mir Mut: „Der Herr wird für euch streiten und ihr werdet stille sein." Ich drückte auf die Klingel. Ein älterer Herr öffnete die Tür und führte mich ins gepflegte Wohnzimmer. „Für die Aufregung am Samstag eine kleine Entschädigung", stammelte ich und legte dabei einen Pralinenkasten auf den Tisch. Herr Schneider (der Name ist geändert) meinte, Anette sei ein nettes Mädchen; es gefiele ihm, dass sie eine Meinung habe, nur der Ton sei ...

Heute weiß ich nicht mehr, wie es dazu kam, aber auf einmal waren wir in einem Gespräch über den Glauben. „Ich beneide Sie", gestand er, als ich von erfahrenen Hilfen in schweren Situationen berichtete. „Mein Wunsch ist, dass auch andere diesen ‚Vorteil' haben", fügte ich einladend hinzu.

Jedenfalls sollte ich einen Gruß an Anette und meinen Mann ausrichten. Übrigens sei ich der erste Nachbar gewesen, den sie hereingebeten hätten. Noch lange danach klopfte mein Herz vor Freude.

Nach einigen Jahren in Marburg am Theologischen Seminar Tabor zog es meinen Mann wieder in die vielfältigere Gemeindearbeit zurück. 15 Jahre betreute er die Gemeinden Reimershausen, Altenvers, Rollshausen mit Seelbach und einen Teil von Lohra. Sein Schwerpunkt lag in der Kirchenchorarbeit und den Hausbesuchen.

Ich selbst engagierte mich im Kindergottesdienst und in der Frauenarbeit. Es machte mir große Freude. Besonders schön fand ich, dass einige Frauen treu die Bibel lasen. Auch in der Volkshochschule durfte ich mich mit Vorträgen einbringen. Die Themen waren sehr vielfältig: „Schwiegermütter – Schwiegertöchter"; „Was bin ich wert?"; „Muss Ärger krank machen?" Ganz in meinem Element war ich, wenn ich Andachten im Evangeliumsrundfunk halten durfte. Schon als Kind gab es für mich nichts Schöneres, als zu schauspielern, zu singen und zu dichten.

Angst im 3. Stock

Ein Erlebnis aus der Lohraer Zeit berührte mich tief. Seit der vorletzten Schwangerschaft hatte ich immer wieder einmal mit Höhenangst zu tun. Auf einem Frankfurter Kirchentag nahm ich deshalb Seelsorge bei einem Pfarrerehepaar der Geistlichen Gemeindeerneuerung in Anspruch. Der Pastor und seine Frau beteten mit mir, dass ich von meinen Ängsten befreit würde.

Kurz danach fuhren wir nach Österreich in Urlaub. Die Ferienwohnung lag im 3. Stock. Wenn ich aus dem Fenster hinunterblickte, erfasste mich Furcht. Am nächsten Morgen wanderte mein Mann auf einen hohen Berg, während ich selbst im Tal spazieren ging. Im Gebet wandte ich mich an meinen Vater im Himmel. „Herr, ich will ja in keinem Wolkenkratzer wohnen. Aber schenke es mir doch, dass ich im dritten Stock ruhig schlafen kann. Denn das kommt doch so oft vor."

Es vergingen einige Minuten, da bemerkte ich im Gehen ein kleines Kästchen an einem Baum. Es enthielt Traktate der Marienschwesternschaft. Neugierig zog ich mir ein

Blatt heraus. Wie erstaunt war ich aber, als ich folgende Worte las:

„Ein Vater, der nicht an Gott glaubte, musste erleben, wie sein Töchterchen aus dem 3. Stock auf die Straße fiel. Der Mann stürzte hinzu. Froh rief das unverletzte Kind: ‚Papa, hast du meinen Schutzengel gesehen? Er war wie lauter Licht und hat mich getragen!'"

Ich konnte es kaum fassen. Da hatte ich eben noch eine Bitte wegen meiner Angst im 3. Stock vorgebracht, und jetzt hielt ich etwas vom 3. Stock genau zu meinem Problem in der Hand! Unglaublich – und doch wahr! Wie sehr hatte mich der Vater im Himmel durch das Traktat getröstet.

Jahre vergingen. Wieder einmal reiste ich mit Gerhard nach Südafrika zum Missionsfest der Dorotheamission. Das frühere Leiterehepaar wollte uns eine Freude machen. Daher luden sie uns ein, vier Urlaubstage in ihrem Appartement am Pazifik zu verbringen. „Wie hoch liegt denn die Ferienwohnung?", erkundigte ich mich vorsichtig. „Im 25. Stock!", wurde mir geantwortet. „Das kann ich nicht!", rief ich ängstlich.

„Doch, Frau Lehmann, Sie können das. Wir beten dafür", machte mir eine ältere

Missionsfrau Mut. Und mit Jesu Hilfe und den Gebeten treuer Christen schaffte ich es tatsächlich. Das Übernachten im 3. Stock hatte danach viel von seinem Schrecken verloren.

Später hörte ich, dass Patienten in Therapien mit ihrer Angst konfrontiert werden. Da musste ich denken: „Was für ein guter Psychologe ist doch unser Gott!" – In dem ganzen Prozess der Angstbewältigung half mir auch das Gebet eines Seelsorgezentrums:

„Vater im Himmel, im Namen Jesu und des Heiligen Geistes, der mir gegeben ist an Jesu statt, bitte ich dich, dass du mir die giftigen Pfeile und Lanzen ziehst. Im Namen Jesu sage ich mich los von allen Lasten. Heiliger Geist, löse mich von allen Lasten und wirf sie ins Meer der Vergessenheit. Amen."

Die Welt wird neu

Ich muss so etwa zwischen sechs und acht Jahren alt gewesen sein, als ich im elterlichen Schlafzimmer eines Nachbarsjungen stand. Auf dem Waschtisch befand sich eine Porzellanschüssel mit einem Krug. Und darin lagen Schokoladenrippchen – eine Kostbarkeit in der Nachkriegszeit. Immer wieder einmal griff ich hinein.

Als ich diesen Nachbarsjungen etwa 40 Jahre später bei einem Klassentreffen wiedersah, beichtete ich ihm im Beisein meiner ehemaligen Mitschüler meine Schandtaten und überreichte ihm unter großem Beifall eine Tafel Schokolade als Entschädigung.

Ach, wenn wir doch alles, was wir im Leben falsch gemacht haben, so leicht wiedergutmachen könnten, dachte ich so bei mir. Schon ein böses Wort konnte so viel Schaden anrichten. Manchmal versäumte ich es, einem Menschen im richtigen Moment beizustehen. Und hinterher war es dann zu spät. Das belastete mich.

Doch es gab Hoffnung! Ich wusste ja, wie ich meine Schuld loswerden konnte. Gott selbst hatte einen Weg gewählt, sie aus der Welt zu schaffen. Es hatte ihn das Leben seines Sohnes gekostet. Der Apostel Paulus schrieb an die Römer: „Gott hat auch seinen einzigen Sohn nicht verschont, sondern hat ihn für uns alle dahingegeben." (Römer 8,32)

Begreifen kann ich das bis heute nicht, auch nicht verstehen. Aber ich beschloss immer wieder, dem Vater im Himmel und Jesus Christus dafür zu danken. Und die speziellen Dinge, die nicht in Ordnung waren, nannte ich beim Namen. Am Kreuz des Sohnes Gottes legte ich sie im Geist nieder und nahm die Vergebung an. So kam ich zur Ruhe. Was ich Gott bekannte, das würde auch in der Ewigkeit nicht mehr zur Sprache kommen.

Martin Luther sagte einmal: „Wenn Gott Schuld vergibt, wird die ganze Welt neu." Das erfuhr ich in einem bestimmten Fall auch so. Schlagartig erschien mir meine Umgebung in einem anderen Licht. Ich sah sie mit neuen Augen an. In einem Gedicht hielt ich das Erlebnis fest. Es entstand an einem Spätsommermorgen. Von den blühenden Blumen und den sich im Wind wiegenden Feldern nahm ich nichts wahr. Von schweren Gedanken kam ich nicht los. Über mich selbst war ich enttäuscht. Es stand etwas zwischen Gott und mir; das Verhältnis zu ihm war gestört. Wie ich aus der Situation herausfand, hielt ich in den folgenden Worten fest:

Wieder angenommen

Du hast mich wieder angenommen,
verdient hab' ich es nicht.
Ich hatte mich von Dir gewandt,
liebte Finsternis statt Licht.

Wie arm das Leben ohne Dich,
wenn man es anders kannt'!
Nur Glück und Segen gabst Du mir
aus Deiner guten Hand.

Wie war das möglich,
dass ich Dich verließ und selber daran litt?
Unglücklich wurde ich dabei
und riss die andern mit.

Darf ich zurück zu Dir, mein Hort?
Ich halt' es nicht mehr aus. –
Von der Versöhnung spricht Dein Wort,
die Christus mir erkauft.

Sangen die Vögel schon immer so hell?
Blühten Margeriten und Mohn
am reifenden goldenen Weizenfeld
vorhin auch so leuchtend schon?

O, du fröhliche ...

In meiner Hand hielt ich einen unansehnlichen, gelbbraun gewordenen Tannenzweig. Eigentlich gehörte er zum Abfall, aber er bedeutete mir so viel, dass ich ihn zusammen mit dem Weihnachtsschmuck aufbewahren wollte. Das dürre Ästchen erinnerte mich an ein Erlebnis am Heiligen Abend, das schon einige Jahre zurücklag.

Eine Woche vor Weihnachten zog ich mir einen grippalen Infekt mit hohem Fieber zu. Obwohl ich meinen Mann aus unserem Schlafzimmer ausquartiert hatte, steckte er sich an. Und das als Pfarrer, der in dieser festreichen Zeit acht Gottesdienste zu leiten hatte! Was sollte werden? Selbst noch schwach, bat ich telefonisch einen Pfarrer im Ruhestand und einen jungen Prediger um Vertretung. Beide sprangen hilfsbereit ein. Nur eine Weihnachtsfeier war noch unversorgt, und zwar die auf einer Station für Schwer- und Langzeitkranke der Marburger Nervenklinik. Seit Jahren hatten wir sie am Nachmittag des Heiligen Abends übernommen. Gerade wollte ich der Stationsschwester wegen der Krankheit meines Mannes absagen, da schaltete sich unsere Tochter energisch ein. „Wenn du nicht kannst, werden wir mit einigen Jugendlichen singen und die Weihnachtsgeschichte vorlesen."

Der überlastete Krankenhausseelsorger war gerne damit einverstanden. Leider entschuldigten sich aber am Morgen des 24. Dezember alle Sänger, bis auf einen jungen Mann. Um die Mittagszeit rief er aus Frankfurt an, er könne unsere Kinder nicht mehr abholen, sonst schaffe er es selbst nicht mehr, pünktlich zu sein. Was blieb mir anderes übrig, als mich – wenn auch noch nicht gesund – ans Steuer zu setzen?

Im Krankenhaus saßen die meisten Patienten um den festlich gedeckten Tisch; andere lagen teilnahmslos auf ihren Sesseln, einige zuckten in unkontrollierten Bewegungen und stießen Schreie aus. Ein Bild des Jammers bot sich uns.

Wir trugen einige bekannte Weihnachtslieder vor, in die viele Kranke mit einstimmten. Besonders ein älterer Herr mir gegenüber sang aus vollem Herzen mit.

Nun sollte ich eine kleine Ansprache halten. Aber der Gruß „Fröhliche Weihnachten", mit dem sich heute alle Welt begegnete, blieb mir im Halse stecken. Was konnte ich angesichts dieses unaussprechlichen Elends um mich herum sagen?

Johannes Falk, der Dichter von „O, du fröhliche ..." kam mir in den Sinn, der auch nicht von Leid verschont geblieben war. Deshalb entschloss ich mich, aus seinem Leben zu erzählen.

Im Siebenjährigen Krieg waren ihm alle Kinder, bis auf einen Studenten, an einer Epidemie gestorben. Dafür klopften Waisenkinder, deren Eltern erschossen oder Opfer einer Seuche geworden waren, an seine Tür. Mit der Zeit waren es zehn Kinder, die bei Falks Heimat gefunden hatten. Plötzlich starb kurz vor dem Christfest auch noch der letzte Sohn an einer Lungenentzündung. Den Eltern war nicht nach Weihnachten zumute. Am liebsten hätte sich das Ehepaar auf den Friedhof gesetzt und sich dort an all die Jahre erinnert, als die eigenen Kinder um den Weihnachtsbaum herumgesprungen waren. „Herr Jesus, du hast mir alle eigenen Kinder genommen und mir nur fremde ins Haus geschickt", klagte Falk seinem Gott. Als Antwort erhielt er den Auftrag: „Bereite du jetzt den fremden Kindern ein schönes Weihnachtsfest!" In dieser Verfassung schrieb Vater Falk das auf der ganzen Welt bekannte Lied: „O du fröhliche, o du selige, gnadenbringende Weihnachtszeit. Welt ging verloren, Christ ist geboren. Freue, freue dich, o Christenheit!"

Als ich im Kliniksaal so weit berichtet hatte, wischte sich der alte Mann vor mir ergriffen die Augen. Ich schloss mit den Worten: „Weihnachten ist da, wo Jesus ist, auch wenn es traurig aussieht." Da sprang der Greis auf, raffte die Tannenzweige, die als Dekoration auf der Tischdecke lagen, zusammen und überreichte sie mir als Strauß mit stammelnden Dankesworten.

So sehr wie über diesen Tannenzweig hatte ich mich noch nie über einen teuren Blumenstrauß gefreut. Jedenfalls konnte ich diesen Nachmittag nicht vergessen. Und jedes Jahr, wenn ich die Weihnachtssachen vom Dachboden holte, würde mich das dürre Tannenzweiglein daran erinnern, wie Jesus an Weihnachten auch unter schweren Belastungen trösten kann.

Überraschender Besuch

Es war der 25. Dezember 1990, der erste Feiertag. Die letzten Tage vor dem Fest hatten mich doch recht angestrengt. Ich fühlte mich ausgelaugt und abgehetzt. Vom Kommen des Heilandes hörte ich viel und sprach selbst darüber. Jetzt stellte ich innerlich die Frage: „Herr, kommst du denn überhaupt zu mir? Ich empfinde keinerlei Weihnachtsfreude."

Wie meistens in Eile, warf ich mir den Wintermantel über, um mit meinem Mann zu einem Gottesdienst zu fahren. Als ich noch einmal auf unser Haus zurückblickte, entdeckte ich neben der Haustür eine Plastiktüte. Neugierig schaute ich hinein. Ein wunderschönes Handtuch und eine Kerze hatte uns ein lieber Mensch nachträglich zu unserer Silberhochzeit geschenkt. Die für uns ausgesuchten Stücke gefielen mir gut, aber etwas anderes bewirkte eine viel größere Freude. Es war das auf die Glückwunschkarte geklebte Bibelwort: „Machtvoll waltet über uns seine Gnade!" (Psalm 117,2). Verflogen war die Müdigkeit, vorbei die trübe Stimmung durch Gottes Zusage im richtigen

Moment! Wenn er mit uns ist, dann kann er auch neue Kräfte geben, wo keine sind. Sein Reichtum ist unerschöpflich.

Als wollte der Herr sein Versprechen bestätigen, erlebte ich an diesem Tag noch eine große Überraschung:

An der Tür unseres Pfarrhauses klingelten immer wieder einmal Nichtseßhafte. Sie bekamen eine Tasse Kaffee, ein belegtes Brot oder den aufgewärmten Rest vom Mittagessen. Mit ein paar Mark zogen sie dann zufrieden weiter. Manche von ihnen erschienen regelmäßig einige Male im Jahr, sodass sie schon zu den alten Bekannten gehörten. Dazu zählte auch der ältere Herr Schmidt (Name wurde geändert). Er wusste sich zu benehmen und trank auch keinen Alkohol.

Aus diesem Grund passte er nicht zu seinen Kameraden. In ihrer Gesellschaft fühlte er sich nicht wohl. Angst brauchte man vor ihm nicht zu haben. Und so hatte er uns wieder einmal beehrt. Er litt schon länger an einer Magensache, die auch einen Krankenhausaufenthalt erforderlich gemacht hatte. Dieses Mal wirkte der alte Mann sehr niedergedrückt und mutlos auf mich. ,Wir sollten ihn ein paar Tage bei uns wohnen lassen', dachte ich im Stillen, zögerte dann aber doch, ihn einzuladen. Müde verabschiedete er sich.

Kaum hatte er unser Haus verlassen, als ein starkes Schneetreiben einsetzte. Die Sache ließ mir keine Ruhe. Ich rief in Niederwalgern an, ob sich dort ein Landstreicher aufgehalten habe. Auch die Obdachlosenasyle in Marburg und Gießen konnten mir keine Auskunft geben. Alles ohne Erfolg!

Mit Schrecken las ich am nächsten Tag in der Zeitung, dass in unserer Gegend ein Mensch erfroren aufgefunden worden war. Mein Versäumnis belastete mich schwer. Im Verlauf der nächsten Monate verdrängte ich die Angelegenheit. Aber während eines Abendmahlsgottesdienstes stand mein Versagen plötzlich vor mir, als sei es erst gestern gewesen. Da bekannte ich meine Schuld und bat Jesus um Vergebung, der durch seinen Tod auch für meine Sünde gebüßt hatte. Ich fand inneren Frieden.

Einige Wochen später begegnete ich beim Einsteigen in einen Zug einem mir bekannten Tippelbruder. Er sammelte gerade seine vielen Plastiktüten ein, die ihm ein Fahrgast aus der Bahn nachreichte. Ob er etwas über Herrn Schneider wüsste? Ich konnte es kaum glauben, als er mir die Auskunft gab:

„Den Herrn Schneider, den haben wir vorigen Monat beerdigt. Er ist an Herzschlag gestorben." Dann hatte ich ja gar nichts mit seinem Tod zu tun! Wie befreite mich diese Nachricht mit einem Schlag von allen Selbstvorwürfen. Glücklich und dankbar war ich, dass die Gnade Gottes größer ist als unser Herz, das uns verdammen will.

Dieser frohe Tag lag nun ungefähr ein Jahr zurück. Am ersten Weihnachtsfeiertag ruhte ich mich nach dem Mittagessen ein wenig aus. In meine Träume hinein mischte sich eine vertraute Stimme, die mit meinem Mann im Hausflur sprach. ‚Das gibt es doch nicht, das ist doch der tot geglaubte Herr Schneider! Dann musste es sich also bei dem Herztoten, von dem der Obdachlose mir am Bahnhof berichtet hatte, um einen anderen Menschen handeln', dachte ich so bei mir. „Unser" Herr Schneider aber war uns als Weihnachtgast ins Haus geschickt worden. „Es war so eine Stimme in mir", erklärte er sein Kommen, „die sagte: ‚Geh' doch mal wieder zu Lehmanns!'"

Die ganze Familie freute sich über den Besuch, den wir nicht mehr zu den Lebenden gerechnet hatten. Es gab ein fröhliches Erzählen und Feiern. Dass er bei uns über

Nacht blieb, war nun keine Frage mehr. Am nächsten Tag wollte er in Richtung Gießen weiter und anschließend zu einem längeren Aufenthalt nach Bethel. Das passte gut, weil wir eine Reise nach Worms zu den Großeltern geplant hatten. Unterwegs ließen wir unseren Landstreicher auf eigenen Wunsch aussteigen. Gerhard drückte ihm noch einen Geldschein in die Hand. Herr Schneider wusste nicht, wie er uns danken sollte, weil er uns nach seinen eigenen Worten „so geschädigt" hätte. Fröhlich winkte er uns nach, bis er unseren Blicken entschwunden war. Wer aber war glücklicher, mein armer Weihnachtsgast oder ich selbst? Ja, das Wort, das gestern vor meiner Haustür lag, war wahr: „Machtvoll waltet über uns seine Gnade!"

Ganz tief unten

In unserem Garten hing ich gerade Wäsche auf. Ich war sehr verzweifelt, denn wir hatten viel Krankheit in der Familie. Dabei dachte ich an eine Bekannte, der es immer gut zu gehen schien.

Bitterkeit stieg aus meinem Herzen auf. „Herr, diese Leute sehe ich nie in der Kirche. Wir dagegen versäumen keinen Gottesdienst und beten jeden Tag. Und uns geht es so schlecht!", brach es aus mir heraus.

In diesem Augenblick fühlte ich mich dem Beter des 73. Psalms verwandt. Auch er erregte sich, als er sah, wie es den Gottlosen so gut ging. (V. 3) Fast wäre er an dem Problem zerbrochen, dass es ungläubige Menschen scheinbar besser hatten als er, der sich treu zu seinem Herrn hielt.

Doch dann begab er sich in das Heiligtum, wahrscheinlich in den Tempel. Hier in Gottes Nähe kamen seine aufgewühlten Gedanken zur Ruhe. Sie wurden auf das Ende der Gottlosen gerichtet. Was blieb ihnen denn dann übrig von ihrem Reichtum und Ansehen? Leere Hände! Für ihn als Gläubiger aber galt: „Du (Gott) leitest mich nach deinem Rat und nimmst mich am Ende mit Ehren an." (V. 17)

Die Worte des Psalmisten trösteten mich. Ja, es gab schlimme Situationen, auch in unserem Leben. Aber hatte ich nicht auch oft erlebt, wie der Herr mich aus der Verzweiflung herausholte? Manchmal durch ein Bibelwort, durch liebe Menschen oder eine besondere Freude. Einmal fasste ich sein zärtliches Bemühen um mich in einem Lied zusammen:

Ich lobe Dich

Ich lobe Dich, ich danke Dir:
Immer, wenn ich keinen Ausweg mehr sah,
gabst Du Dein Wort und warest mir nah.

Ich lobe Dich, ich danke Dir:
Immer, wenn ich keine Kraft mehr verspürt,
hast Du voll Liebe mich angerührt.

Ich lobe Dich, ich danke Dir:
Jesus, Du Herr über Leben und Tod,
aus Deiner Hand reißt mich keine Not.

Der Abschied von meiner Mutter

In den Lebensabschnitt, in dem mein Mann Pfarrer in Lohra II war, fiel auch der Tod meiner Mutter. Ihre letzten drei Jahre verbrachte sie bei uns. Es war eine schöne und schwere Zeit, die ich aber im Nachhinein nicht missen wollte. Selten hatte ich so stark den Eindruck, am richtigen Platz zu sein. Nach mehreren Brüchen und zwei Schlaganfällen benötigte Mutter intensive Pflege. Würden wir das schaffen? Zwei Bibelworte halfen mir. Das eine war ein Wort Jesu: „Darum sorgt nicht für morgen", aus Matthäus 6,34. Nur heute musste ich durchkommen; der morgige Tag ging mich noch nichts an.

Das andere lautete: „Lass dir nicht grauen und entsetze dich nicht, denn der Herr, dein Gott, ist mit dir in allem, was du tun wirst." (Josua 1,9) „Wenn du die Mutter pflegst", so sagte ich mir, „ist immer einer unsichtbar im Zimmer, der sich darüber freut." Diese beiden Sätze aus dem Wort Gottes motivierten mich und gaben mir die Kraft.

Nachts half mir mein Mann. Wenn ich

aufstehen musste, konnte ich danach lange nicht mehr einschlafen. Ohne die Hilfe von Gerhard hätte ich die Betreuung meiner Mutter nicht bewältigt.

Aber die Zeit der Pflege hatte mich doch erschöpft. Kurze Zeit nach dem Heimgang der Mutter war ich auf dem Weg zu einer Frauenstunde. Im Auto betete ich: „Herr, ich habe keine Kraft mehr; ich habe auch keinen Schwung mehr; ich habe auch keine Ideen mehr. Jetzt habe ich nur noch dich."

Nie werde ich diesen besonderen Abend vergessen. Eine Frau aus unserem Kreis, die sehr krank war und bald darauf starb, berichtete, wie Jesus ihr half, mit ihrer Krankheit zu leben. Es wurde eine gesegnete Stunde, zu der ich kaum etwas beigetragen hatte.

Doch zurück zu den letzten Tagen meiner Mutter. Wegen des dritten Schlaganfalls war sie ins Diakoniekrankenhaus in Wehrda bei Marburg eingeliefert worden. Mein Mann feierte gerade seinen sechzigsten Geburtstag. Nach der Feier besuchte unsere Tochter Anette die kaum noch ansprechbare Oma. Auf einmal hatte Anette den Eindruck, meine Mutter würde abberufen, denn sie sagte mit verklärter, leiser Stimme: „Ich komme!" – „Wo willst du denn hin?", fragte Anette.

Nach einer Weile hörte unsere Tochter wieder die Großmutter sprechen: „Ich bleibe hier." Anscheinend stand sie schon an der Schwelle zur Ewigkeit.

Unvergesslich waren ihre letzten Worte an mich, nachdem sie tagelang nicht mehr geredet hatte: „Mein Schatz!" Wie ein Vermächtnis begleitete mich dieser Ausspruch noch jahrelang – bis heute. Als sie am Nachmittag ihres Todestages noch einmal die Augen öffnete, forderten mich meine beiden Töchter auf: „Mama, sing!" Da fiel mir die Liedstrophe ein:

„Und wenn der Herr von hinnen mich gerufen,
wenn ich von seinem Glanz geblendet steh,
anbetend niedersink zu seinen Stufen,
den König dort in seiner Schönheit seh,
dann jauchzt mein Herz dir, großer Herrscher, zu:
Wie groß bist du! Wie groß bist du!"

Anschließend fuhr ich nach Hause. Meine Tochter wollte ich für die Nacht ablösen. Doch ausgerechnet an diesem Tag musste ich noch auf einem großen Frauenabend einen Vortrag halten. Und nun leistete Gott wirklich Maßarbeit. Gerhard und ich stiegen ins Auto, um zu dem Vortragsort zu fahren, und unsere Kinder erhielten von der Klinik den Anruf, meine Mutter sei verstorben. Aber davon erfuhren wir erst, als wir wieder zurückkamen. Hätte ich das vor dem Frauentreffen erfahren, wäre ich nicht in der Lage gewesen, vor den Zuhörern zu sprechen.

Ich hätte vorher nicht geahnt, wie viel Wut ich verspürte. Wut auf den Tod, der noch die Macht hat, Menschen, die sich liebten, auseinanderzureißen. Ich ballte die Fäuste. Aber wie zärtlich ging Gott mir nach! Im Gottesdienst las Gerhard in der für diesen Sonntag vorgesehenen Liturgie: „Jesus Christus hat dem Tod die Macht genommen!" Dieses Bibelwort begegnete mir in jenen Tagen mehrmals.

Als ich das erste Mal allein zum Grab meiner Mutter gehen wollte, schlug ich vorher noch einmal das Losungsbuch auf. Und wieder fiel mein Blick auf diesen Vers. Das gab mir Trost und Kraft für den schweren Gang. Ein Gebet kam mir in den Sinn, das ich nirgendwo gelesen hatte: „Herr Jesus, sage ihr einen Gruß und dass ich mich auf das Wiedersehen mit ihr bei dir freue. Amen."

Wunder über Wunder

Die Adventsfeier für die Senioren unserer Gemeinde ging ihrem Ende zu. Schon erhoben sich einige von den weihnachtlich geschmückten Tischen mit den noch brennenden Kerzen. Mit ein paar jüngeren Frauen begann ich, das Geschirr abzuräumen. „Wie geht es Ihrer Tochter Christine? Sie müsste doch bald mit der Schule fertig sein", fragte ich Frau Mertens (Name wurde geändert). „Ja, das ist eine große Sorge", bekam ich zur Antwort, „nur ganz wenige Abiturienten haben eine Stelle in Aussicht. Auch unsere Tochter hat schon über fünfzig Bewerbungen geschrieben, alles ohne Erfolg. Dabei ist ihr Zeugnis nicht schlecht. Die Jugendlichen sind sehr deprimiert."

Die Worte von Frau Mertens legten sich wie eine dunkle Wolke auf mein Gemüt. Junge Menschen mit guten Schulnoten fanden keinen Ausbildungsplatz. Ich dachte an unseren Sohn Thomas, dem die Schule schwerfiel und der sie lieber heute als morgen verlassen würde. Gerne hätte er eine Banklehre angefangen. Aber das war ja aussichtslos!

Die Gedanken über die düsteren Berufsaussichten der Jugend im Allgemeinen und unseres Jungen im Besonderen quälten mich. Was sollte aus den großen Kindern werden? Wie schlimm musste es sein, einen arbeitslosen Heranwachsenden im Haus zu haben! Würde er ohne regelmäßige Arbeit unter Umständen auf die schiefe Bahn kommen?

Nach dem Gespräch mit Christines Mutter fand ich in der darauffolgenden Nacht keinen Schlaf.

Aus früheren, sorgenvollen Zeiten wusste ich, dass die Situation durch Grübeln nicht besser werden würde. Das Mittel, das mir immer wieder geholfen hatte, war aufzustehen und in meinem Losungsbuch zu blättern. Es enthält für jeden Tag des Jahres zwei Bibelworte und eine Liedstrophe oder ein Gebet. Oft war mein Blick an einem Vers hängen geblieben, der genau in meine Situation passte. Ob mir das auch jetzt in meinen Gedanken und Sorgen um die Zukunft unseres Kindes helfen würde? Leise stand ich auf und griff nach dem kleinen Buch. Ich las ein wenig darin. Plötzlich blieb mein Auge an einem Wort hängen, das aus dem Lobgesang der Maria stammt: *Gottes Barmherzigkeit währt von Geschlecht zu Geschlecht bei de-*

nen, die ihn fürchten. So eine Überraschung, so eine Aktualität! Es ging mir doch gerade um das kommende Geschlecht, die kommende Generation. Und Gott wollte sich ihrer und damit auch meines Kindes annehmen. Nur Ehrfurcht sollten wir als Eltern vor ihm haben. Wenn Gott für den Weg unseres Sohnes aufkommen wollte, ja, dann brauchte ich mich nicht mehr so abzuquälen. Die trüben Befürchtungen verschwanden augenblicklich und ich fühlte mich beruhigt und gestärkt.

Der Lobgesang der Maria ging zwar noch weiter – Verse aus den Psalmen und dem Lobgesang der Hanna aus dem Alten Testament kommen da noch vor –, aber mir genügte in meinen Sorgen um eine Lehrstelle für meinen Sohn der Satz: *Gottes Barmherzigkeit währt von Geschlecht zu Geschlecht bei denen, die ihn fürchten.* Ich verstand den Vers so: Wenn uns als Eltern Gott wichtig ist, wirkt sich das segensreich auf unsere Kinder aus. Jedenfalls half mir die Zusage Gottes, um innerlich zur Ruhe zu kommen. In der Weihnachtsfeier des Frauenkreises erzählte ich dann davon, damit auch andere Mut und Vertrauen fanden.

Das Christfest war längst vorüber. Es war

im Februar und ich kam gerade von einem Spaziergang zurück. Auf der Straße begrüßte ich eine Bekannte, die sich daraufhin nach unseren Kindern erkundigte. Auf einmal fiel der Satz: „Wir suchen einen Lehrling in unserem Steuerberatungsbüro." Ich holte tief Luft! Das wäre doch etwas für unseren Sohn! Etwas Wunderbares ereignete sich. Bevor wir uns nach einem Ausbildungsplatz für ihn umgesehen hatten, wurde er uns ungefragt angeboten. Der Junge durfte sich vorstellen und erhielt die Stelle, obwohl er weder eine Bewerbung geschrieben, noch ein Zeugnis vorgelegt hatte. Unglaublich, aber wahr! Wie sollte ich Gott nur danken?

Nach der dreijährigen Steuerfachausbildung absolvierte er seinen Zivildienst im Jugendgästehaus in Köln. Später bewarb er sich bei einem Steuerberater. Doch zwei andere junge Leute zeigten ebenfalls Interesse an der Stelle. Ich bat Gott darum – wie es jede andere Mutter auch getan hätte – , dass mein Sohn den Arbeitsplatz bekommen möchte. Aber in letzter Zeit war es mir wichtig geworden, den Vater im Himmel nicht nur zu bitten, sondern auch zu loben: „Ich preise dich, dass du der Herr über alle Steuerberater auf Erden bist!", so erklärte ich.

„Du bist auch Herr über die Entscheidung dieses Chefs."

Und das Wunderbare geschah: Die Mitbewerber wollten auf einmal nicht mehr. Es gab gar keinen Wettbewerb und Thomas erhielt die Zusage.

Neben der Arbeit besuchte unser Sohn das Abendgymnasium, um das Abitur nachzuholen. Auch das gelang, Gott sei Dank!

Danach war er unschlüssig, wie sein beruflicher Weg weitergehen sollte. Diese Zeit war für mich als Mutter nicht einfach.

Da rief mich eine ältere Missionarsfrau an, die sich ein Buch von uns ausgeliehen hatte. Ich schüttete ihr mein Herz aus und sie versprach, in den nächsten Tagen intensiv für unseren Jungen zu beten. Zwei Tage später meldete sie sich erneut. Und nun erfolgte etwas, was wir noch nie vorher erlebt hatten. Sie sprach die Worte: „Gott hat mir gesagt, dass er Thomas auf einer Bibelschule haben will." Außerdem habe Gott ihr Augenmerk auf die Bibelstelle aus Esra 6,22 gelenkt, doch sie wusste gar nicht, was da stand. Beim Nachschlagen hieß es da: „Gott stärkte sie zum Dienst am Hause des Herrn."

Selten im Leben war ich so sprachlos, zugleich hocherfreut und als Mutter entlastet.

Wenn der Vater im Himmel sich unseres Sohnes annehmen würde, brauchte ich mich nicht mehr zu sorgen.

Und so geschah es! Thomas ging für drei Jahre an das Seminar für biblische Theologie nach Beatenberg in die Schweiz. Im Sommer 2008 schloss er die Ausbildung erfolgreich ab.

Doch wo würde sein künftiger Arbeitsplatz sein? In welchem christlichen Werk oder in welcher Kirche würde er eine Stelle finden? Wieder blieb uns als Eltern „nur" das Gebet.

An einem Sonntagmorgen hörte ich noch im Bett zehn Minuten den Evangeliumsrundfunk. Als Gebetsanliegen gab der Moderator weiter: „Bitte beten Sie heute für das help-center in Buchenau bei Biedenkopf. Dort müssen neue Mitarbeiter berufen werden." In dieser christlichen Einrichtung werden junge Menschen mit Suchtproblemen oder psychisch Kranke betreut. Der Ort liegt in unserer Nähe.

„Lass uns heute Nachmittag einmal dorthin fahren", schlug ich meinem Sohn vor. Der Hausvater führte uns durch alle Räume und erklärte das Arbeitsprogramm. Thomas durfte eine Woche mitarbeiten, um zu sehen, ob ihm die Arbeit gefiele. Wie überraschend hatte Gott auf unsere Bitte um eine Stelle geantwortet!

Inzwischen hat unser Sohn schon über drei Jahre im help-center mitgearbeitet. Der Umgang mit den suchtkranken Jugendlichen forderte ihn heraus und war zugleich sinnvoll. Nach einiger Zeit wurde ihm auch die Verwaltung übertragen. So war seine Lehrzeit im Steuerfach auch nicht vergeblich. „Hat das Gott nicht wunderbar gemacht?", meinte neulich der Gründer des help-centers, Richard Straube.

So ist Versöhnung

Es war einen Tag vor meiner Operation. Und weil jede Narkose mit einem gewissen Risiko verbunden ist, wollte ich mein Leben ordnen. Menschen fielen mir ein, denen ich wehgetan hatte. Ich schrieb einige Briefe, in denen ich um Verzeihung bat. Dann wurden es immer mehr. Bei so vielen konnte ich mich gar nicht entschuldigen. Einige lebten auch schon nicht mehr. Was sollte ich tun?

Da wurde ich an das biblische Buch Jesaja erinnert, an eine Stelle über den Knecht Gottes: *Die Strafe liegt auf ihm, damit wir Frieden hätten* (Jesaja 53,4b). Wer ist diese Person?

Gott kündigte schon im Alten Testament durch den Propheten seinen Sohn an. Dieses Versprechen wurde in Jesus Christus erfüllt. Er war dazu bereit, mit seinem Leben zu bezahlen, wo wir schuldig geworden waren. An unserer Stelle ließ er sich töten, damit wir mit dem Vater im Himmel versöhnt würden. Der Theologe Karl Barth drückt es so aus: „Ohne dieses Ereignis gäbe es nur eine verlorene Welt und verlorene Menschen. Da es Ereignis wurde, bleibt uns nur übrig ...

der ganzen Welt, allen Menschen zuzurufen: ‚Nicht verloren!'"

Diese Gedanken ließ ich damals in den unruhigen Stunden vor der Operation auf mich wirken. Im Gebet bekannte ich alle Versäumnisse und Verletzungen. Jesus Christus dankte ich, dass er auch für diese Sünden gestorben war; sodass nun nichts mehr zwischen dem Vater und mir stand. Danach gab es Ruhe.

Aber der Tod Jesu hat noch eine weitere Auswirkung. Denn das Bibelwort *„Die Strafe liegt auf Ihm, damit wir Frieden hätten"*, geht weiter: *„Durch Seine Wunden sind wir geheilt."* Also nicht nur die Vergebung unserer Schuld, sondern auch unsere Heilung liegt Gott am Herzen. Wir alle wurden schon im Lauf unseres Lebens durch andere Menschen beleidigt und seelisch verletzt. Manche Wunden sind tief und alt. Verletzungen wurden uns vielleicht schon in der Kindheit zugefügt oder gar in der vorgeburtlichen Phase. Es ist nicht einerlei, ob unsere Mutter uns in der Schwangerschaft mit fröhlichen oder bitteren Gedanken trug. Auch sie wurde durch negatives oder positives Verhalten ihrer Eltern beeinflusst. Alle die Belastungen, die frischen und die alten, können wir uns bewusst machen. Im Gebet sollten wir sie benennen und sie am Kreuz Jesu abladen.

In mir kam die Erinnerung auf, wie mein Mann und ich einmal beleidigt worden waren. In meinem Herzen hieß es: „Es ist sehr schlimm, was sie euch antaten. So schlimm, dass es gesühnt werden muss. Und ich, Jesus, bin dafür gestorben. Reicht denn mein Tod für das, womit sie euch kränkten?"

Darauf konnte ich nur betend antworten. „Ja, Herr Jesus, es reicht. Es hätte noch für mehr gereicht. Um deinetwillen will ich verzeihen." Doch mit einem Mal hatte ich die Sache nicht unter den Füßen. In zwei Fällen ließ ich mir die Frage „Reicht denn mein Tod ...?" täglich stellen und entschloss mich immer wieder neu zum Verzeihen.

Der Prozess dauerte vielleicht ein halbes Jahr. Eines Nachts träumte ich, dass ich einen Menschen, der uns Leid zugefügt hatte, unbeschwert umarmte. Da wusste ich: Jesus hatte nicht nur mein Bewusstsein, sondern auch mein Unterbewusstsein geheilt.

Vor einigen Jahren nahm ich an einer Wochenendfreizeit bei der Jesusbruderschaft Gnadenthal teil. Bei der Vorstellungsrunde der Gäste fiel mir ein junger Mann durch seine gebeugte Haltung auf. Später stellte sich heraus, dass er seinen Vater nie gekannt hatte. Da seine Mutter arbeiten musste, wuchs er bei der Großmutter auf. Die Ablehnung durch den Vater hatte ihm im übertragenen Sinne und bis in den Körper hinein das „Genick gebrochen".

Einmal in diesen wenigen Tagen saß ich allein mit ihm in der Kapelle. An der Stirnwand des gottesdienstlichen Raumes hing ein großes weißes Kreuz. Kein Körper, nur jeweils zwei Blutstropfen an den Enden des Querbalkens und des Längspfahles. „Siehst du diese Blutstropfen?", fragte ich Christian. – „Natürlich", antwortete er. – „Die waren für das, was dein Vater dir angetan hat", sagte ich zu ihm. Sonst sprachen wir nichts.

Beim Abschied drückte er mir bewegt die Hand. „Ihre Worte in der Kapelle haben mir meine Würde als Mensch zurückgegeben", kam es tief aus seinem Herzen. *Durch seine Wunden sind wir geheilt* – diese Tatsache hatte Christian aufgerichtet.

Advent

Du kamst zu mir in meine Nacht
der Enttäuschung, ja – der Wut,
hast liebevoll an mich gedacht,
zerschlagen war mein Mut.

Wie lind du kamst mit deinem Wort,
tröstetest, heiltest mich,
rücktest meinen Blick vom Schweren fort
auf eine Zeit von Ehre und Licht.

Tratst zwischen mich und meinen Feind,
der mir so wehgetan,
erlittst die Straf', die er verdient,
hast am Kreuz sie abgetan.

Sollt' ich nun hassen, den du liebst?
Ich trenne mich davon.
Kann ich mehr verlangen, als dass du
stirbst?
Dein Schmerz hat seinen Lohn.

Was ich vergaß, war meine Schuld
an Gott und Menschen hier.

Riesengroß im Vergleich zu dem,
was der andre tat an mir.

Du kommst zu uns mit deiner Macht,
bist überall dabei,
hast Frieden zwischen uns gebracht,
mein Herz ist froh und frei!

Zusammen mit dem Bruder nun
will wandern ich noch hier.
Einmal wird es anders sein:
Dann kommen wir beide – zu dir.

Das verzeihe ich mir nie!

„Warum hast du damals meinen Vater verlassen?", warf die erwachsene Tochter ihrer Mutter vor. Mich fragte die angegriffene Frau später: „Muss ich deswegen ein Leben lang mit einem schlechten Gewissen herumlaufen?" Gott sei Dank, muss sie es nicht! „Deine Sünden sind dir vergeben!", sagte Jesus mehr als einmal zu schuldig gewordenen Menschen. Denn er bezahlte mit seinem Leben, sodass wir befreit weiterleben können. Und das gilt auch heute noch. Wenn wir ihm unser Versagen bringen, verzeiht er uns. Ja, Gott wird alle unsere Sünden in die Tiefen des Meeres werfen, unterstrich es der Prophet Micha im Alten Testament drastisch. Doch oft holen wir sie wieder heraus und quälen uns mit Selbstvorwürfen. Die Schriftstellerin Corrie ten Boom schrieb einmal sinngemäß: „Jesus steht am See der Sünden. Er hält uns ein Schild entgegen. Darauf steht: *Fischen verboten!*"

Es ist notwendig, sich auch selbst zu vergeben. Wie wichtig das ist, das habe ich vor etwa dreißig Jahren in der Marburger Teestube eindrucksvoll erfahren. Ich war gebeten worden, an einem Samstagabend dort zu sprechen. Ein junger Mann fiel mir auf, der sich begeistert einen christlichen Song nach dem anderen wünschte. „Wer ist das?", fragte ich die Leiterin interessiert. – „Ja, das ist eine bewegende Geschichte", erzählte sie mir. „Der junge Mann hatte mit seinem Bruder im Rohbau der Eltern gearbeitet. Dabei vergaß er, die Starkstromleitung abzustellen und der Bruder verunglückte tödlich. Er selbst kam in die Psychiatrie, wo er zwei Jahre bleiben musste. In einem Gespräch vertraute er mir dies alles an. Ich sprach ihm daraufhin Gottes Vergebung zu, aber er stutzte kurz und erwiderte dann trotzig und fest: ‚Aber ich vergebe mir nicht!' Das sei ja ganz schön hochmütig, gab ich ihm daraufhin zu verstehen. Und wörtlich sagte ich ihm noch: ‚Du willst mehr sein als Gott, der dir verziehen hat.'"

Ehrlich gesagt erstaunten mich die Worte der Leiterin. Auf so eine Antwort wäre ich nicht gekommen. Und doch war sie genau richtig. Ihr Gesprächspartner war daraufhin ins Nachdenken gekommen. In der Kapelle breiteten dann beide die Vergangenheit im Gebet vor Gott aus. Der junge Besucher nahm die Entlastung an und entließ sich aus seinen Vorwürfen. Am nächsten Wochenende erschien er wieder. „Guck mal", hielt er seine ruhige Hand hoch, „ich zittere nicht mehr!"

Was war geschehen? Jesus hatte ihn geheilt, und dazu gehörte auch, dass er sich nichts mehr vorwarf. Es ging ihm gut. Diese Geschichte hatte mir viel zu sagen. Seitdem sprach ich jedes Mal, wenn ich etwas zu bekennen hatte: „Herr Jesus, danke, dass du auch speziell für diese Dinge gestorben bist. Ich nehme deine Vergebung an und vergebe mir auch selbst." Danach konnte ich meinen Weg befreit weitergehen.

Der Bauplatz

Es hatte ja noch ein paar Jahre Zeit, aber immer wieder wanderten die Gedanken meines Mannes und meine eigenen in Richtung Ruhestand. Wo sollten wir wohnen? Wichtig waren mir vor allem die menschlichen Beziehungen.

Deshalb wollte ich gerne in unserem Landkreis bleiben. Ob wir eine Eigentumswohnung in Marburg kaufen sollten, überlegte ich bei mir, verwarf den Gedanken dann aber schnell wieder. Denn wenn ich als alter Mensch morgens zum Einkaufen ginge, würde ich mich am liebsten fragen lassen: „Na, Frau Lehmann, was macht der Kreislauf heute?" Das konnte ich aber in einer Stadt nicht erwarten.

Alle diese Überlegungen fanden ein jähes Ende. Der Bad Endbacher Kirchenchor, den mein Mann gegründet hatte, feierte sein 20-jähriges Jubiläum. Wir waren zum Festgottesdienst eingeladen. Obwohl wir die Gemeinde schon vor vielen Jahren verlassen hatten, begegneten uns die Endbacher so herzlich, als sei der Abschied erst gestern gewesen. Auf dem Nachhauseweg im Auto waren wir uns beide einig: „Ich glaube, Endbach ist etwas für unser Alter!"

Wer meinen Mann kennt, weiß, dass er von schneller Entschlusskraft ist. Wenige Tage später erklärte er mir: „Ich erkundige mich jetzt beim Endbacher Gemeindeamt nach einem Bauplatz." Begeistert kam er zurück und schilderte mir die herrliche Sonnenlage oben auf dem Berg im Neubaugebiet.

Meine Freude hielt sich in Grenzen. Denn als alte Frau, die vielleicht kein Auto mehr fahren könnte, wollte ich meine Einkaufstasche nicht eine weite Strecke den Berg hoch tragen. „Im Ort selbst müssten wir etwas finden", war meine Meinung. – „Du wirst doch nicht glauben, dass es in dem Kurort noch einen Bauplatz gibt", konterte mein Gatte.

,Bei allen Kleinigkeiten wird bei uns gebetet', dachte ich, ,aber bei Bauplätzen, da glaubt man, alles mit seinem Verstand managen zu müssen.' Deshalb übergab ich Gott die Angelegenheit zweimal im Gebet.

Drei oder vier Tage vergingen. Als der Installateur der Altenverser Kirchenheizung aus Bad Endbach unser Haus betrat, fragte ihn mein Mann. „Wüssten Sie noch einen Bauplatz in Endbach?" – „Jawohl", entgegnete der Angesprochene, „ich kann Ihnen meinen verkaufen."

Wir konnten es kaum fassen, dass unser Herr sich auch solcher Dinge wie Bauplätze annimmt, wenn wir sie ihm überlassen! Eine bessere Lage hätte es nicht gegeben. Der Bauplatz ist zentral und nur eine Minute vom Kurpark entfernt, in dem ich wegen meiner schlechten Venen oft zu Fuß unterwegs bin.

Und das Schönste von allem: Unser neues Domizil liegt ganz in der Nähe des Pfarrhauses, in dem wir früher gewohnt hatten. Somit ist uns die vertraute Nachbarschaft erhalten geblieben. Auch für den morgendlichen Plausch mit einer Nachbarin über den Kreislauf ist also gesorgt!

Sommer in Bad Endbach

Heckenrosen und Holunder,
Fingerhut, Johanniskraut,
Gott, ich sehe deine Wunder,
wohin auch mein Auge schaut.

Grüne Hügel, weich gebettet,
säumen still den Erdenrand.
Und ein Regenbogen leuchtet:
Er macht deine Treu' bekannt.

Deine Liebe zu uns Menschen,
wie sie sich in Jesus zeigt,
ist das zugewandte Lächeln
aus dem Raum der Ewigkeit.

Der Unfall

In dem kalten Winter 2006 war eine Frau wegen Glatteis neben ihrem Briefkasten gestürzt und erst nach Stunden erfroren aufgefunden worden. Das hatte ich in der Zeitung gelesen. So hätte es mir auch ergehen können, denn ich war jeden Tag in diesem kalten Winter im Wald spazieren gegangen. An einem bestimmten Donnerstag jedoch nur am Waldrand.

Als ich einen verschneiten Weg überquerte und das Eis darunter nicht bemerkte, rutschte ich aus und brach mir Elle und Speiche des linken Unterarms. Ein furchtbarer Schmerz durchzuckte mich und weit und breit war kein Mensch zu sehen!

„Herr Jesus, ich preise dich, dass du mich noch bis ins Altersheim schaffen kannst." Diesen Satz wiederholte ich ständig und schleppte mich dorthin. Und er erhörte mich! Erst bei meiner Ankunft versagte der Kreislauf.

Eine Mitarbeiterin fuhr mich zum Arzt, wo ich sofort Infusionen erhielt. „Wie sind Sie denn von der Unglücksstelle ins *Haus*

Waldesruh gekommen?", fragte der Doktor erstaunt. „In seiner Kraft", antwortete ich aus tiefster Überzeugung und deutete mit dem Zeigefinger nach oben.

Nach der Operation ging es aufwärts. Ich hatte viel zu danken! – In der Kapelle des Krankenhauses hing ein Poster mit den Worten Dietrich Bonhoeffers, der in diesen Tagen 100 Jahre alt geworden wäre:

> *„Doch willst du uns noch einmal Freude schenken*
> *an dieser Welt und ihrer Sonne Glanz,*
> *dann woll'n wir des Vergangenen gedenken,*
> *und dann gehört dir unser Leben ganz."*

So sollte es sein!

Am Sonntagmorgen erklärte ich meiner Bettnachbarin im Krankenhaus: „Ich gehe mal in die Kapelle, um mich zu bedanken." Es war mein erster „Ausflug" allein im Klinikgebäude. Als ich die Treppe neben dem Aufzug hinunterstieg, ging ein älterer Herr vor mir. Erstaunt war ich, als er die Tür zum Andachtsraum öffnete. Er hatte scheinbar dasselbe Ziel wie ich. Schnell kamen wir ins Gespräch. An Krebs war er erkrankt und übermorgen würde die erste Chemotherapie beginnen. Wen wunderte es, dass er davor Angst hatte? Ich erzählte ihm von einer tumorkranken Bekannten, die durch das Gebet ihre Panikattacken verloren hatte. Noch heute steht sie mit ihrem Mann in einer gesegneten Arbeit an jungen Menschen.

Auch mein kranker Mitpatient und ich beteten zusammen: „Herr Jesus, du bist der Herr über Leben und Tod, Krankheit und Gesundheit. Dir befehlen wir unsere Seele und unseren Leib an."

„Sie sind in der Hand Jesu, nicht in der Hand einer Krankheit", sprach ich ihm zu. Und dann fielen mir noch die Zeilen eines Liedes ein, als wir zwei so allein in der Kapelle saßen.

„Ich bin, Herr, zu dir gekommen.
Komme du nun auch zu mir.
Wo du Wohnung hast genommen,
da ist lauter Himmel hier."

Die letzten Jahre ...

Nun schlage ich ein Kapitel in meinem Leben auf, von dem es mir schwer erschien, es zu veröffentlichen. Sollte ich wirklich alles schreiben, was ich mit Jesus erlebt hatte? Würden es die Menschen verstehen? Ich überlegte hin und her. Da fiel mir eines Nachts der folgende Satz aus den Losungen ins Auge: „Habt ihr denn so vieles vergeblich erfahren?" (Galater 3,4). Dass damit im Brief des Apostels Paulus die Gnade durch Jesus Christus gemeint war, der die Galater eigene Werke hinzufügen wollten, das wusste ich. Doch sprach mich dieser Vers auch in meinen aktuellen Gedanken an. Vergeblich sollte es nicht sein, was der dreieinige Gott an mir getan hatte. Zu seiner Ehre wollte ich davon berichten. Ich übergab ihm dafür die Verantwortung.

Über zehn Jahre ist es her, dass ein treues Mitglied der Lohraer Kirchengemeinde regelmäßig sonntags früh eine Andacht aus dem Missionswerk Karlsruhe hörte. Dabei wurde auch zu einer Gebetsnacht eingeladen. Die alte Dame schlug ihrer Tochter, meiner Freundin, vor, doch einmal daran teilzunehmen. Da diese nicht alleine fahren wollte, bot ich mich an, sie zu begleiten.

In der Christuskathedrale hatten sich über 1000 Menschen aus den verschiedensten Kirchen und Gemeinden versammelt. Sie alle wollten die Nacht im Gebet verbringen. Die Besucher schrieben Bitten für sich, Angehörige oder Bekannte auf. Diese wurden eingesammelt und es wurde darüber gebetet. Ich war davon beeindruckt, als Menschen nach vorne gingen und über erfahrene Heilungen berichteten. „Wir können niemanden gesund machen", stellte der Leiter klar, „es ist Jesus und sonst keiner." In dieser Kathedrale erfuhren wir, dass der auferstandene Herr real ist.

Ich hatte eine große Sorge in die Gebetsnacht mitgebracht. Gerade vor einigen Tagen hatte mein Sohn eine neue Arbeitsstelle angetreten. Würde sein Arbeitgeber ihn nach der Probezeit behalten? Diese quälenden Befürchtungen standen auch während der Gebetsnacht im Hintergrund. Gegen zwei Uhr morgens nickte ich etwas ein. Plötzlich war ich hellwach. Ein Leiter sprach die folgenden Worte:

„Es ist eine Frau hier, die am Boden liegt,

und sie blickt auch nur auf den Boden. Dieser Frau sagt Jesus: ‚Schaue auf mich. Gib mir deine Belastungen, denn ich habe sie getragen. Ich habe dich so lieb, dass ich für dich starb. Das sage ich dir noch einmal und dass ich mich darauf freue, eine Ewigkeit mit dir zusammen zu sein.‘“

Wie Balsam empfand ich diese Botschaft. Jedes Mal, wenn mich danach die Angst ansprang, sagte ich mir das Gehörte vor und war augenblicklich beruhigt und getröstet. Auch nach der Probezeit konnte Thomas im Steuerberatungsbüro weiterarbeiten. Das war meine erste Erfahrung mit den Gebetsnächten. Weitere folgten.

Wegen Tinnitus war ich in die Hals-Nasen-Ohren-Klinik eingeliefert worden, wo ich Infusionen erhielt. Beim Abschlussgespräch riet mir der Arzt, mich nicht auf das Ohrgeräusch zu fixieren, sondern mich abzulenken. Mehr könnte er nicht für mich tun, denn Tinnitus sei nicht heilbar. Im Zusammenhang mit der Krankheit merkte ich, dass ich im Kirchenchor falsche Töne sang. ‚Hoffentlich hört das niemand‘, dachte ich besorgt, weil ich das Singen im Chor so liebte.

Im Herbst fand wieder ein Gebetsabend

statt. Außer meinem Mann und mir selbst wusste niemand etwas von meinem Leiden und seinen Folgen. Da fielen plötzlich die Sätze: „Es ist jemand hier, der nicht mehr schön singen kann. Und der wird wieder schön singen können."

Ich stutzte. Das war ja mein Problem! Und tatsächlich – ein Vierteljahr später führten wir im Kantatenkreis das Weihnachtsoratorium von Johann Sebastian Bach auf. Mühelos sang ich die höchsten Töne. Und der Tinnitus war ebenfalls weg!

Vor drei Jahren hatte ich mir den Arm gebrochen. Einige Monate nach der Operation zeigte ich dem Hausarzt das Röntgenbild. „Es ist ganz schlecht gemacht!", stellte er fest. „Wahrscheinlich müssen Sie nochmals operiert werden. Auf alle Fälle sollten Sie aber einen zweiten Chirurgen aufsuchen."

Doch mir fehlte der Mut dazu. Dann fuhr ich wieder nach Karlsruhe. In dieser Nacht des Gebets dachte ich besonders an meinen kranken Arm. Danach traute ich mich, die Meinung des Facharztes einzuholen. Zunächst ordnete er an, ein neues Röntgenbild zu machen. Auf einmal geriet der ernste Doktor völlig aus dem Häuschen, er wurde wie ein Kind. „Hervorragend!", rief er aufgeregt. „Schauen Sie sich das mal an. Im Mai fehlten am Knochen anderthalb Zentimeter. Die sind total nachgewachsen!" Und das in meinem Alter von fast 70 Jahren!

Jesus sei Dank! Übrigens hatte ich Gott versprochen, ihm jeden Tag ein Lied auf der Gitarre zu spielen und zu singen, wenn der Arm wieder brauchbar wäre. Gerade durch das Gitarrenspiel blieb die Feinmotorik erhalten. Ja, die Fingerfertigkeit wurde sogar noch etwas besser als vor dem Fall!

Vor zwei Jahren litt ich im Sommerurlaub an der Ostsee an einem schweren Virusinfekt der Augen. Zu Hause angekommen, suchte ich einen Facharzt auf. „Sie können froh sein, dass die Hornhaut nicht vernarbt ist", erschreckte er mich. Die von ihm verordneten Medikamente schlugen gut an.

Doch im folgenden Winter wiederholten sich die Beschwerden. Der Augapfel schien sich zu verkrampfen. Am Karfreitag trafen sich die Beter wieder in der Christuskathedrale. Auf einmal hieß es: „Der Herr Jesus heilt eine Augenhöhlenentzündung." Es war genau das, was ich hatte.

Außer den genannten Heilungen ist mir noch mehr geholfen worden. Ich kann meinem Vater im Himmel nur danken.

Gott und mein Geld

Als junge Studentin saß ich an meinem Studienort im Gottesdienst. Von der Predigt weiß ich nichts mehr. Aber als die Kollekte angesagt wurde, berührte mich die angesprochene Not. Ich entschloss mich, alles, was sich vorne im Geldbeutel an Münzen befand, zu spenden. Wie erschrak ich aber bei meinem Blick ins Portemonnaie! Ein Fünfmarkstück blitzte mir entgegen und die Taschen für die Scheine zeigten nur gähnende Leere. Sollte ich unter diesen Umständen mein Vorhaben wahr machen? Ich musste doch auch noch leben, und bis zum Monatsende waren es noch einige Tage.

Trotzdem rang ich mich durch und ließ das Hartgeldstück in den Opferkasten fallen. Draußen vor der Kirchentür entdeckte ich einige Mitstudenten. Keiner wusste etwas von meinem eben vorangegangenen, inneren Kampf. „Wir wollen zusammen Mittagessen, und du bist herzlich eingeladen!", begrüßte mich eine ebenfalls studierende Diakonisse. Noch einmal in diesen Tagen erhielt ich eine Einladung. Und zu Hause bat meine Mutter meinen Vater: „Ich habe so eine Ahnung! Schick doch Margret das Geld fürs Studium etwas früher!" So kam es, dass es mir trotz meines Opfers an nichts fehlte. Dieses Erlebnis prägte mich sehr.

Der Vater im Himmel ist vertrauenswürdig. In seinem Wort fordert er uns sogar auf, ihn zu testen: „Bringt aber die Zehnten in voller Höhe und prüft mich hierin ... ob ich euch dann nicht des Himmels Fenster auftun werde und Segen herabschütten die Fülle". (Maleachi 3,10)

Modern gesagt: Was wir für Gottes Sache hergeben, macht uns nicht ärmer. Gott lässt sich nichts schenken, ohne zu segnen. Dabei muss es nicht unbedingt um Geld gehen. Zufrieden sein mit dem Vorhandenen – ist Segen. Einig sein – ist Segen. Im Leid getröstet sein – ist Segen. Gesundheit – ist Segen. Das erlebten wir als Familie eindrücklich. Unser Sohn war sechs Jahre alt, als er Keuchhusten bekam. Schrecklich, diese Hustenanfälle jede Nacht, mindestens zehnmal. Der kleine Kerl war ganz mager geworden. Wir schickten ihn zur Oma in den Vogelsberg, der über 500 m hoch liegt. Doch ohne Erfolg! Wir brachten ihn in eine Brauerei, wo er die Luft einatmen sollte. Natürlich verabreichten wir

Medikamente, doch nichts half! In diesen Wochen hing in unserer Küche ein Plakat mit hungernden Kindern aus Uganda. Einmal zeigte unser Junge darauf und drängte mich: „Mama, bring doch mal wieder was auf die Sparkasse für die armen Kinder!" Es berührte mich tief, dass er – selbst so elend – an andere dachte, und so erfüllte ich seinen Wunsch.

Gerade in diesen Tagen schlug ein Kollege meines Mannes vor, Thomas in einem Sportflugzeug fliegen zu lassen. Er habe einen Freund, der eine Maschine besitze. Dieser holte sich noch extra eine Genehmigung, damit der Pilot in 3000 m Höhe fliegen durfte. Während des Fluges schlief unser krankes Kind neben seinem Vater ein. In der folgenden Nacht zählte ich statt zehn nur noch drei Anfälle. Und dann – wenige Tage später – hörten sie ganz auf. Übrigens, der Flugzeugbesitzer wollte noch nicht einmal Geld für Kerosin und den Piloten. Der Betrag, den ich zur Bank gebracht hatte, war uns sozusagen vom himmlischen Vater zurückgeschenkt worden. Und die Gesundheit unseres Jungen dazu!

Nun soll aber kein falscher Eindruck entstehen; nicht immer habe ich in finanzieller

Hinsicht Gottes Willen getan. Ich erinnere mich auch, dass ich Geld, das für Gott zurückgelegt war, für mich selbst verbrauchte. Doch es lohnte sich nicht, weil der Segen fehlte. Das ist sicher kein Gesetz, aber eine Erfahrung.

Eine Freundin stellte einmal fest: „Am besten kamen wir mit unserem Geld aus, als wir Notleidende unterstützten." Erstaunlich fand ich, was mir vor einigen Tagen ein bewusster Christ zu diesem Thema erklärte: „Wir können es uns nicht leisten, die Augen vor der Not anderer zu verschließen oder die Verbreitung des Evangeliums nicht zu fördern. Denn wir wollen auf den Segen nicht verzichten."

Der Altbürgermeister von Bad Endbach, Theodor Becker, brachte die Sache mit dem Segen einmal mit den Worten auf den Punkt: „Wir geben nicht, weil wir haben, sondern wir haben, weil wir geben."

Wenig später erlebte ich noch einmal etwas ganz Erstaunliches zum Thema „Gott und mein Geld".

Die Lebensmittel für die kommenden Tage hatte ich besorgt und ein Paar Winterstiefel erstanden. 20 Euro waren übrig geblieben. Damit hoffte ich den Rest des Monats auszu-

kommen. Nun saß ich beim „Christustreff"
im Gottesdienst. Eine Kollekte für die Arbeit
des christlichen Werkes wurde gesammelt.
Sollte ich den 20-Euro-Schein opfern? Ich
entschloss mich dazu, wusste aber gleichzeitig, dass ich nun sehr auf Gottes Versorgung
angewiesen sein würde.

Nachmittags und abends waren Gerhard
und ich bei Freunden eingeladen. Mit Kuchen, Obst und Schnittchen wurden wir
verwöhnt. Am Montag schenkte uns ein
Ehepaar zwei Würstchen. Dienstags spen-
dierte ein Mitglied des Seniorenkreises den
Kuchen für unser Treffen. In mein Tagebuch
schrieb ich: „Danke, mein Herr. Ich will ge-
spannt und vertrauensvoll sein, wie du uns
durchbringen wirst."

Und nun die große Überraschung! Eine
Stunde später, nachdem ich das Gebet aufgeschrieben hatte, fuhr mein Mann zu einem
Uhren- und Schmuckgeschäft. Er wollte
neue Batterien kaufen. Beim Heimkommen
forderte er mich auf: „Such doch mal, ob du
etwas an Goldschmuck findest, den du nicht
mehr trägst. Der Goldpreis ist heute sehr
hoch, hat mir der Besitzer des Ladens ver-
raten."

Ich durchstöberte meine Kostbarkeiten,

meistens Modeschmuck. Einen Armreif, einen Ring, den mir eine alte Dame geschenkt hatte, eine Brosche und ein Kettchen gab ich ihm mit. Vielleicht würde alles zusammen 20 Euro einbringen.

Als ich von meinem Spaziergang zurückkehrte, wirkte mein Gatte sehr fröhlich. Er hatte – sage und schreibe – 230 Euro bekommen. Das war mehr als das Zehnfache meiner Spende im letzten Gottesdienst. Was für ein Gott, den ich zwei Stunden vorher um Versorgung gebeten hatte!

Ich konnte nur jubeln, tanzen und danken!

Auf dem Weg nach Afrika

Mein Mann und ich hatten Kontakt zur Dorotheamission, die in sechs Ländern des südlichen Afrika arbeitet. Im August 2006 wurde der Missionsgeburtstag auf der Station bei Pretoria gefeiert, zu dem auch die einheimischen Missionare anreisten. Doch Freude über die Reise an das „Ende der Welt" stellte sich bei mir nicht ein. Ich fürchtete mich vor dem Fliegen.

Es war nur wenige Wochen her, dass Terroristen versucht hatten, neun Flugzeuge explodieren zu lassen. Außerdem waren in Koblenz und Kiel Koffer mit Bomben abgestellt worden. Gott hatte die Pläne scheitern lassen, doch die Angst machte sich in unserem Land breit ...

Und nun sollte ich selbst in eine Maschine steigen und viele Stunden in der Luft sein! Was könnte da alles passieren? In meinen Ängsten half mir das Wort Jesu: „Nun aber sind auch eure Haare auf dem Kopf alle gezählt." (Matthäus 10,30) Wenn das wahr ist, dann achtete der Vater im Himmel doch erst recht auf unser Leben!

In der Nacht vor dem Reisetag stand ich einmal auf und fand in der Bibel das Wort: *Der Herr wird seinen Engel mit dir senden, der dich behütet und dich an den Platz bringt, der dir bestimmt ist.* Danach war meine Angst verschwunden. Nun freute ich mich auf die Reise.

Die langen Kontrollen am Frankfurter Flughafen hatten wir nicht anders erwartet. Mir kam es so vor, als seien viel weniger Reisende unterwegs als in früheren Jahren.

Beim Start der Maschine lag meine linke Hand in der meines Mannes, die rechte hielt eine Karte mit einem Christusbild. Im Gebet suchte ich innere Ruhe. Alles ging gut.

Mitten in der Nacht kam ich mit einer Stewardess ins Gespräch. „Wie werden Sie bei Ihrem Job mit den versuchten Terrorakten fertig?", fragte ich sie. – „Nicht daran denken!", lautete ihre Antwort. Ich erzählte ihr von meinen Ängsten und den beiden Bibelversen, die mir geholfen hatten. Dankbar hörte sie mir zu.

Schon vor dieser Reise hatte ich mir aus der Lydiazeitschrift vom Februar 2004 einen „Brief Gottes" an uns mehrfach kopiert. Er besteht aus einer Zusammenstellung einzelner Bibelworte. Ich hatte ihn jeden Tag gelesen und freute mich daran. In dem Schreiben war davon die Rede, dass der Herr uns von allen Seiten umgibt, uns wunderbar erschaffen hat und liebt. Dass er sogar bereit war, seinen Sohn zu opfern, damit nichts mehr zwischen ihm und uns stehen sollte. Der Brief schloss mit der Frage: „Willst Du mein Kind sein? Ich warte auf Dich. In Liebe, Dein Vater, der allmächtige Gott."

Gerne nahm die junge Flugbegleiterin das Blatt an. Durch das Gespräch mit ihr wurde ich mutiger und stellte auch anderen Mitgliedern der Crew die Frage, wie sie die augenblickliche, gefahrvolle Situation meisterten. „Nur mit Gottvertrauen", antwortete der Copilot. Auch ihm wie den anderen, mit denen ich sprach, schenkte ich eine Kopie.

Eine ganz große Freude erlebte ich auf dem Rückflug mit der „South African Airlines". Ein freundlicher farbiger Steward plauderte mit mir. Wieder kamen wir auf das Thema „Terrorakte in Flugzeugen" zu sprechen. Wie er seine Ängste überwinde, wollte ich gerne wissen. „Only by prayer" („Nur durch Gebet"), bekannte er. Als ich von dem Brief Gottes sprach, bat er mich dringend: „Geben Sie ihn mir bitte! Ich werde ihn für die ganze Crew kopieren."

Wie glücklich machte er mich mit diesem Satz! Alle Flugbegleiter würden jetzt die Zusage Gottes lesen können: „Ich bin mit allen deinen Wegen vertraut."

Möge der Herr meinen afrikanischen Freund und seine Kollegen immer auf ihrem Weg durch die Luft behüten! Übrigens trug mein schwarzer Bruder den Namen „Emanuel" – Gott mit uns!

Mein Kind ...
Du magst mich nicht kennen, aber ich weiß alles über dich. Psalm 139,1. *Ich weiß, wann du sitzt und wann du aufstehst.* Psalm 139.2. *Ich bin mit allen deinen Wegen vertraut.* Psalm 139,3. *Selbst die Haare auf deinem Kopf sind gezählt.* Matthäus 10,30. *Denn du wurdest zu meinem Ebenbild erschaffen.* 1. Mose 1,27. *In mir lebst du, bewegst du dich und existierst du.* Apostelgeschichte 17,28. *Denn du zählst zu meinen Nachkommen.* Apostelgeschichte 17,28. *Ich kannte dich, noch bevor du empfangen wurdest.* Jeremia 1,45. *Ich erwählte dich, als ich die Schöpfung plante.* Epheser 1,11-12. *Du warst kein Versehen.* Psalm 139,16-18. *Denn alle deine Tage waren in mein Buch geschrieben.* Psalm

139,13-16. *Ich bestimmte den genauen Zeitpunkt deiner Geburt und den Ort, an dem du leben würdest.* Apostelgeschichte 17,26. *Du bist erstaunlich und wunderbar erschaffen.* Psalm 139,14. *Ich habe dich im Leib deiner Mutter gestaltet.* Psalm 139,13. *Und ich brachte dich hervor am Tag deiner Geburt.* Psalm 71,6. *Diejenigen, die mich nicht kennen, haben ein falsches Bild von mir vermittelt.* Johannes 8,41-44. *Ich bin nicht fern und zornig, sondern Ausdruck vollkommener Liebe.* 1. Johannes 4,16. *Und es ist mein Wunsch, dich mit Liebe zu überschütten.* 1. Johannes 3,1. *Einfach, weil du mein Kind bist und ich dein Vater bin.* 1. Johannes 3,1. *Ich habe dir mehr zu geben, als jeder irdische Vater es je könnte.* Matthäus 7,11. *Denn ich bin der vollkommene Vater.* Matthäus 5,48. *Jede gute Gabe, die du empfängst, kommt aus meiner Hand.* Jakobus, 1,17. *Denn ich bin dein Versorger und gebe dir alles, was du brauchst.* Matthäus 6,31-33. *Meine Pläne für deine Zukunft waren immer hoffnungsvoll.* Jeremia 29,11. *Denn ich habe dich immer schon geliebt.* Jeremia 31,3. *Meine Gedanken über dich sind so zahllos wie der Sand am Meer.* Psalm 139,17-18. *Und ich jauchze über dich vor Freude.* Zefanja 3,17. *Ich werde nie aufhören, dir Gutes zu tun.* Jeremia 32,40. *Denn du bist mein kostbares Eigentum.* 2. Mose 19,5. *Von ganzem Herzen und mit ganzer Seele ist es mir eine Freude, dich fest zu gründen.* Jeremia 32,41. *Ich möchte dir große und unfassbare Dinge zeigen.* Jeremia, 33,3. *Wenn du mich von ganzem Herzen suchst, wirst du mich finden.* 5. Mose 4,29. *Und ich werde dir geben, was dein Herz begehrt.* Psalm 37,4. *Denn ich bin es ja, der diese Sehnsucht in dir weckte.* Philipper 2,13. *Ich kann mehr für dich tun, als du dir überhaupt vorstellen kannst.* Epheser, 3,20. *Denn ich bin der, der dich ermutigt.* 2. Thessalonicher 2,16-17. *Ich bin auch der Vater, der dich in all deinen Nöten tröstet.* 2. Korinther 1,3-4. *Wenn du niedergeschlagen bist, bin ich dir nahe.* Psalm 34,19. *Wie ein Hirte ein Lamm auf seinen Armen trägt, so trage ich dich an meinem Herzen.* Jesaja 40,11. *Eines Tages werde ich jede Träne von deinen Augen abwischen.* Offenbarung 21,3-4. *Und ich werde jeden Schmerz wegnehmen, den du auf dieser Erde erlitten hast.* Offenbarung 21,3-4. *Ich bin dein Vater, und ich liebe dich wie meinen Sohn Jesus.* Johannes

17,23. *In Jesus offenbart sich meine Liebe zu dir.* Johannes 17,26. *Er ist der genaue Ausdruck meines Wesens.* Hebräer 1,3. *Er kam, um zu zeigen, dass ich für dich bin, nicht gegen dich.* Römer 8, 31. *Und um dir zu sagen, dass ich dir deine Sünden nicht anrechne.* 2. Korinther 5,18-19. *Jesus starb, damit du und ich versöhnt werden können.* 2. Korinther 5,18-19. *Sein Tod war der höchste Ausdruck meiner Liebe zu dir.* 1. Johannes 4,10. *Ich gab alles auf, was ich liebte, um deine Liebe zu gewinnen.* Römer 8,31-32. *Wenn du noch nicht mein Kind bist, nimm doch das Geschenk meines Sohnes Jesus an, dann nimmst du mich an.* 1. Johannes 5,12. *Und nichts wird dich je wieder von meiner Liebe trennen.* Römer 8,38-39. *Komm nach Hause, und ich werde das größte Fest feiern, das es im Himmel gegeben hat.* Lukas 15,7. *Ich bin immer Vater gewesen und werde immer Vater sein.* Epheser 3,14-15. *Meine Frage lautet: Willst du mein Kind sein?* Johannes 1,12-13. *Ich warte auf dich.* Lukas 15,11-32.
In Liebe, dein Vater, der allmächtige Gott.

Wo die Welt am schönsten ist ...

Mein Mann und ich besuchten unseren Sohn, der eine Ausbildung am Seminar für biblische Theologie in Beatenberg/Schweiz absolvierte. Während unseres Aufenthaltes hatte Gott uns nach trüben Regentagen herrliches Wetter geschenkt. Da Thomas Unterricht hatte, nutzten wir den Dienstag zu einer Bergwanderung. Beim Aufstieg zum Gemmelalphorn wendeten wir uns oft zurück. Jungfrau, Mönch und Eiger grüßten mit ihren schneeweißen Gipfeln. Ein wunderschönes Bild! Ich konnte mich nicht sattsehen.

An der Sennhütte rasteten wir und kamen mit einem älteren Wanderer ins Gespräch. Zusammen bestaunten wir die wunderbare Schöpfung des Herrn.

Auch über das Alter im Allgemeinen und unser Alter im Besonderen redeten wir. Ich erzählte von meinem Schwiegervater, der fast 105 Jahre alt geworden war. Als er zwischen 70 und 80 den Arzt aufsuchte, wies dieser ihn auf das Bibelwort aus dem 90.

Psalm hin: „Unser Leben währet 70 Jahre und wenn's hochkommt, so sind's 80 Jahre ..." – „Und ich werde ewig leben", hatte unser Opa geantwortet, „denn wer an Jesus glaubt, bekommt ewiges Leben."

Dass ich selbst, je älter ich wurde, nicht nur den Tod, sondern das Heimkommen ins Vaterhaus vor mir hatte, war mir wichtig zu sagen. Freundlich und froh verabschiedete sich der ältere Herr von uns.

Gerhards und meine Wege trennten sich. Mein Mann, ein geübter Bergsteiger, wollte das Gemmelalphorn ersteigen. Ich steckte mein Ziel niedriger. Mal sehen, wie hoch ich kam! Eine herrliche Bergwelt lag zu meinen Füßen: grüne Matten, dunkle Tannen, braune flache Kuppen und dahinter die in der Sonne strahlenden Bergriesen.

Auch ein Ehepaar, das mir von oben her entgegenstieg, war ergriffen von dieser Schönheit. „Das hat Gott gut gemacht!", kam es mir tief aus meinem Herzen über die Lippen. Die beiden stimmten mir zu. „Ja, ich halte auch viel vom Glauben", bekannte der Ehemann. „Mein Vater starb früh; die Mutter erzog uns drei Jungen. Sie hatte kaum ihr Auskommen, doch sie betete jeden Tag. Tiefen Eindruck hat das auf uns gemacht."

Mein Gesprächspartner war fest davon überzeugt, dass es für anständige Menschen eine ausgleichende Gerechtigkeit im Himmel geben würde. Ich wurde nachdenklich. Schließlich gestand ich, wie viel ich an einem jungen Mann, der mir nahestand, in den letzten Tagen seines Lebens versäumt hatte. Und nicht nur an ihm! Ich brauchte einen Heiland, der sich für mich opferte, damit ich mit dem Vater im Himmel versöhnt leben konnte. Ohne Jesus würde ich einmal nicht vor Gott bestehen können.

Das Bergsteigerpaar nahm mir meine Worte ab. Die junge Frau steckte mir ein Stück Schokolade in den Mund. An meinen Mann trugen sie einen Gruß auf. Ich solle ihm sagen, es sei gut gewesen, dass wir an diesem Tag getrennt gewandert seien. Sonst wäre es vielleicht nicht zu diesem Gespräch gekommen. Er jedenfalls sehe in unserer Begegnung eine „Führung". Wie glücklich machte er mich mit diesem Wort!

Weiter ging es aufwärts! Bis zum Grat unterhalb des Gemmelalphorns schaffte ich es. Gerade als ich absteigen wollte, sprang Gerhard singend und jodelnd vom Berggipfel herunter. Bald erreichten wir wieder die Sennhütte. Ein Mann mittleren Alters sonnte sich gemütlich im Liegestuhl, seine Frau auf der Bank vor dem Holzhaus. Das Ehepaar hatte die Sennhütte für den Rest des Jahres gemietet, wenn die Zeit der Sennerinnen vorbei war. So konnten die beiden oft hier oben sein und das einfache Leben in der wunderschönen Landschaft genießen. „Das wäre ein gutes Plätzchen für einen Schriftsteller", fand ich. Wie staunte ich, als der Mieter der Hütte daraufhin bemerkte: „Das wichtigste Buch ist mir hier oben die Bibel." – „Und uns auch", gab ich zur Antwort. Daraufhin luden uns die beiden zu einer Tasse Kaffee ein, aber wir lehnten dankend ab, weil wir doch noch einen langen Abstieg vor uns hatten.

Mein Herz war fröhlich geworden über die wunderbaren Begegnungen an dem Platz, wo die Welt am schönsten ist.

Am Matterhorn

Erhabene Berge, Herr, deine Wunderwerke:
Gletscher im Sonnenlicht,
das durch die Zweige bricht,
duftende Lärchen – wärmedurchglüht,
Wolkengebilde durch's Blaue zieht.

Ich darf das spüren, fühlen und seh'n!
Herr, deine Gnade lässt gut es mir geh'n.

Tosendes Wasser jagt übers Gestein,
brodelnde Nebel hüllen uns ein.
Licht, das vertreibt sie und gibt uns frei,
strahlende Gipfel erscheinen uns neu.
Ich darf das spüren, fühlen und seh'n,
Herr, deine Gnade, lässt gut es mir geh'n.

So ist's im Leben – nach dunkler Zeit
leuchtet uns Gottes Barmherzigkeit.
Woher wir's wissen trotz allen Leids?
Nach Jesu Kreuz folgte Herrlichkeit.
Und das ist damals für mich gescheh'n:
Herr, deine Gnade, lässt gut es mir geh'n.

Alles das, was uns jetzt noch beschwert,
schicktest du, dass zum Besten es wird.
Ich will mich lösen von meinem Schmerz,
an deiner Hand gehen heimatwärts.
Bin ich am Ziel, dann werde ich seh'n,
Herr, deine Gnade, ließ gut es mir geh'n!

Preisverleihung

Im August 2008 erlebte ich einen großen Tag. Der Nobelpreisträger in Physik, Prof. Peter Grünberg, war in meiner Abiturklasse gewesen. Nun erhielt er die Ehrenbürgerschaft der Stadt Lauterbach und wir als ehemalige Mitschüler waren zu der Feier eingeladen. Unser berühmt gewordener Klassenkamerad hatte den Nobelpreis mit intensiver Arbeit und neuen Erkenntnissen erreicht. Lange ging mir das Thema „Preisverleihung" nicht aus dem Sinn.

Auch in der Bibel ist davon die Rede. Der Apostel Paulus schrieb darüber in einem Brief an den jungen Mitarbeiter Timotheus. Ich möchte kurz auf die Situation des Schreibers eingehen. Am Ende seines Lebens wurde Paulus in der Zelle eines römischen Gefängnisses festgehalten. Weil er den Glauben an Jesus Christus verbreitet hatte, war er gefangen genommen worden. Der Prozess stand ihm bevor. Dass dieser tödlich ausgehen würde, war ihm klar. In dieser Lage gab der alte Missionar letzte und darum besonders bedeutsame Worte an Timotheus weiter!

Bei den Olympischen Spielen in Griechenland wurde der Sieger mit einem Lorbeerkranz gekrönt. So ähnlich stellte sich Paulus die Preisverleihung durch Jesus vor. Es hatte sich gelohnt, für seinen Herrn zu arbeiten, zu leiden, ja sogar zu sterben. Alles Notvolle würde der Vergangenheit angehören. Paulus, von Jesus Christus geehrt und gekrönt! Gab es etwas Schöneres?

Und ich? Ich konnte den Dienst und das Sterben des Apostels nur bewundernd anerkennen. Da reichte ich nicht heran. Galt denn das mit der Krone auch für mich? Konnte auch ich nach dem Tod einen Siegeskranz erwarten? Der letzte Satz zu diesem Thema von Paulus tröstete mich, denn er schrieb: *Die Krone wird der Herr nicht allein mir geben, sondern allen, die seine Erscheinung lieb haben.* Es ging also nicht darum, wie viel jemand für Jesus getan hatte, sondern um die Liebe zu ihm.

Tief beeindruckt hatte mich, was mir eine Freundin über ihre Schwiegermutter erzählt hatte. Die alte Dame hatte ihr Leben lang nichts von Gott wissen wollen. Ganz anders ihr Sohn und ihre Tochter! Oft hatten die erwachsenen Kinder für ihre Mutter gebetet, dass sie sich dem christlichen Glauben öffnen möge. Im hohen Alter ergab sich schließlich ein Gespräch zwischen Mutter und Tochter. „Ja, du hast's gut, du kommst in den Himmel", meinte die alte Frau. – „Das kannst du auch haben", antwortete die jüngere. – „Wie soll ich das denn machen?", fragte die ältere. – „Du brauchst nur zu sagen: ‚Herr Jesus, ich möchte in deinen Himmel!'", riet ihr die Tochter. Das geschah. Danach beteten die beiden zusammen. Um ihre Entscheidung für Jesus öffentlich zu bekennen, trat die 96-Jährige in die evangelische Kirche ein, die Liebe zu Jesus hatte ihr den Himmel geöffnet. Das genügte und – nach Paulus – auch für die Krone der Gerechtigkeit.

Die Preisverleihung meines Klassenkameraden hatte mich nachdenklich gestimmt und veranlasste mich zu folgenden Zeilen:

Jesus – er war immer da, in großer Not, im Warten und Verzeih'n.
Mit seinem Leben trat er für mich ein;
wird mir den Preis verleih'n –
am letzten Tag.

Kostbarer als Diamanten

Einmal schenkte mir mein Mann ein wertvolles Schmuckstück. Und das kam so: Wir beide wollten an einer Israelreise teilnehmen, die Gerhard selbst leitete. Doch wegen Krankheit in der Familie musste ich darauf verzichten.

Die Reisegruppe besichtigte gerade eine Diamantenschleiferei in Tiberias. Da stachen Gerhard ein Paar silberne Ohrringe mit einem kleinen Diamanten ins Auge. Die weiblichen Reiseteilnehmer ermunterten ihn, sie mir als Andenken mitzubringen. So etwas Teures hatte ich noch nie besessen. ‚Du musst sehr gut darauf aufpassen!', schärfte ich mir selbst ein.

Als ich einige Zeit später morgens zu einer Konzertprobe unseres Kirchenchores fahren wollte, hatte ich mich hübsch gemacht; das Pünktchen auf dem i sollten die israelischen Schmuckstücke bilden. Ohne es zu merken, setzte ich mein Vertrauen mehr und mehr auf das Äußere.

Fahrig und in Eile griff ich nach den Ohrringen. Plötzlich fiel der eine zu Boden. Vergeblich suchte ich ihn. Nach dem Heimkommen würde ich mehr Zeit haben, tröstete ich mich.

Aber auch dann blieb das kostbare Teil unauffindbar.

Was würde mein Mann dazu sagen? Am besten verheimlichte ich ihm die ganze Sache. Wenn er aber danach fragte? Nur nicht daran denken!

Es vergingen drei Jahre, ohne dass Gerhard die aufregende Frage stellte. Vor einigen Wochen passierte es dann: „Hast du eigentlich noch die Ohrringe? Ich habe sie lange nicht mehr an dir gesehen", erkundigte er sich. Weil ich ihn nicht belügen wollte, gestand ich ihm, wie ich sein wertvolles Geschenk verloren hatte.

Und das Wunder geschah: Er schimpfte überhaupt nicht, sondern fragte mich nur: „Warum hast du es mir nicht gleich gesagt? Zusammen hätten wir das Stück sicher entdeckt." – Nun war die Sache heraus und so gnädig aufgefasst worden. Wie erleichterte mich das!

Einen Tag vor meinem Geburtstag begab sich mein Gatte noch einmal auf die Suche. Ohne Erfolg! „Am besten lösen wir alle Hobelbretter ab", schlug er vor. „Da müssen wir vorher aber noch beten, dass dir das erspart bleibt!", kam es tief aus meinem Herzen. Im Stillen begann ich sofort damit. „Herr Jesus", flehte ich, „erhöre uns nicht wegen mir. Ich hatte nur die Eitelkeit im Kopf. Aber ich bitte wegen meines Mannes, der mir so etwas Teures gekauft hat, und wegen deiner Ehre."

Wenige Minuten später zog Gerhard die Nägel aus der Fußbodenleiste. Und da – er rief mich: „Komm mal schnell, ich glaube, ich habe ihn!" Mit einem Spiegel erkannten wir etwas Glänzendes und mit einem Draht beförderte er die Kostbarkeit nach oben. „Halleluja!", war mein erstes Wort. Und morgen werde ich 72. Der himmlische Vater hat mir ein großes Geschenk gemacht. Aber eines ist mir klar. Von ihm geliebt zu werden, ist kostbarer als Diamanten.

Auf der Bachl-Alm

Im Sommer 2011 verbrachten wir unseren Urlaub in der steirischen Ramsau am Dachstein. Bei glühender Hitze wanderten mein Mann und ich zur Bachl-Alm. Kaum hatte ich die Almwirtschaft betreten, telefonierte ein älterer Herr mit dem Notarzt. Ich erfuhr, dass ein achtjähriger Junge bewusstlos im Fieberkrampf lag. Wie gut konnte ich als Mutter und Oma die Angst der Familie nachempfinden. Das gab ich den Angehörigen auch zu verstehen. „Bei uns zu Hause bete ich immer bei Krankheiten", bekannte ich, „und das tue ich auch jetzt. Herr Jesus, hilf, dass alles wieder gut wird", sprach ich laut. In demselben Moment durchzuckte mich ein Gedanke: „Renne hinaus und frage, ob unter den Gästen vor dem Haus ein Arzt ist!" Ich stürmte vor die Tür, lief auf einen Tisch zu und stieß aufgeregt die Worte hervor: „Ist ein Doktor unter Ihnen?" Der Erste, den ich ansprach, erhob sich und sagte: „Ich bin Mediziner. Ich komme mit!"

Wadenwickel wurden gemacht, ein Fiebersaft gegeben. Wie beruhigte es uns alle, dass ein Arzt anwesend war. Als das Kind aufwachte, fuhr gerade der Notarztwagen vor, der den Jungen ins Krankenhaus bringen sollte. Auf dem Rücken seines Opas konnte er schon wieder lachen. Dem Doktor, der zuerst geholfen hatte, gestand ich: „Ich kann nur staunen." –„Warum?", fragte er überrascht. – „Weil ich gebetet habe: ‚Jesus, hilf!', und ausgerechnet der Erste, den ich daraufhin ansprach, ein Mediziner war", freute ich mich.

Da umspielte ein feines Lächeln seinen Mund und ich jubelte im Stillen meinem Herrn zu.

Träume und mehr ...

Einmal sah ich in einem Traum eine große Schale mit wunderschönen schneeweißen Perlen. Ich wusste, dass es Gebete waren.

Kurz darauf erblickte ich eine Pfanne, wie sie im Alten Testament beim Räucheropfer verwendet wurde. Auf ihr verbrannten damals die Priester Weihrauch und andere duftende Hölzer als Opfer für Gott.

Als ich das flache Gefäß noch einmal im Traum sah, war es leer. Das bedeutete für mich: Die Perlen – sprich Gebete – waren alle bei Gott angekommen. Voller Ehrfurcht dachte ich über die Bilder nach und freute mich. Erstaunt las ich später im 8. Kapitel der Offenbarung: *Und ein anderer Engel kam und trat an den Altar und hatte ein goldenes Räuchergefäß, und ihm wurde viel Räucherwerk gegeben, dass er es darbringe mit den Gebeten aller Heiligen auf dem goldenen Altar vor dem Thron.*

Noch ein anderer Traum hatte mir viel zu sagen. Während unseres Urlaubs in der Steiermark im Jahr 2011 erkrankte ich. Mein Magen arbeitete so schlecht, dass fast nichts bei mir blieb und ich immer schwächer wurde. Der aufgesuchte Arzt schickte uns umgehend nach Deutschland zurück. Eine Magen- und Darmspiegelung legte er mir dringend ans Herz.

Auf der langen Fahrt von Österreich nach Bad Oeynhausen wollten wir dort noch einer 97-jährigen Tante zum Geburtstag gratulieren. Am nächsten Morgen brach ich vor dem Haus, in dem sie wohnte, bewusstlos zusammen. Wieder zu mir gekommen, lag ich auf den Steinfliesen. „Sofort nach Hause und heute noch ins Krankenhaus!", befahl der dortige Mediziner.

Unterwegs erlebten wir ein Wunder. Wir gerieten in einen Stau, und das mit meiner Schwäche! Doch bei der nächsten Abfahrt hätten wir sowieso die Autobahn verlassen müssen.

Einen Tag später wurde ich im Diakoniekrankenhaus in Wehrda bei Marburg aufgenommen. Viele Untersuchungen musste ich über mich ergehen lassen. Am nächsten Morgen sollten die Spiegelungen erfolgen. Ich hatte Angst! Da las ich unter den eigenen Tagebucheintragungen einen Traum von mir:

Ein Mann, von dem mir klar wurde, dass

es Jesus war, fragte mich: „Was ist deine tiefste Wunde?" – „Meine alte Höhenangst aus der Schwangerschaft!", gestand ich. Statt auf meine Antwort einzugehen, nahm er meinen Kopf behutsam in seine Hände und bedeckte mein Gesicht mit zarten Küssen. So, als wollte er sagen: „Wenn ich dich so liebe, warum fürchtest du dich dann noch?"

Augenblicklich fühlte ich mich am Abend vor der gefürchteten Spiegelung getröstet.

Am Morgen danach – ich lag schon vorbereitet auf dem Untersuchungstisch – malte ich mir die Szene im Traum vor Augen aus. Dabei bemerkte ich, wie ich sogar lächelte.

„In Ihrem Fall, Frau Lehmann, haben wir uns dazu entschieden, dass Sie nichts mitbekommen." Die Worte des Chefarztes machten mich glücklich. Wie dankbar war ich meinem Vater im Himmel!

Erst in meinem Bett wachte ich wieder auf. „Es ist nichts Schlimmes, nur eine kräftige Magenschleimhautentzündung und Allergien", beruhigte mich der Doktor.

Ich aber fragte mich mit dem Psalmisten: *Wie soll ich dem Herrn vergelten alle seine Wohltaten?"* (Psalm 116,12).

Nach der Angst

Was hast du Gutes uns getan,
mein Herr und Gott!
Uns, die wir Krankheit sah'n,
groß war die Not.
Herausgeliebt zu neuem Tun
für dich und deine Welt
will ich, wo du mich hingestellt,
nicht nur ruh'n.
Bis hin zu deinem großen Tag
leb' ich mit dir. Und, was den Himmel an-
belangt,
Jesus, bist du die Tür.

Kinder und Enkel

Mein Mann und ich hatten das große Glück, unsere beiden Enkelkinder aus der Nähe aufwachsen zu sehen. Anette und ihre dreizehnjährige Tochter Ninja sowie Dorothee mit dem neunjährigen Yannik wohnten in der Nachbarschaft. Schon als unsere Tochter noch im Wochenbett lag, erlag Yanniks Vater leider einem Herzinfarkt.

Ich erinnere mich, wie ich den Kinderwagen mit Yannik durch den Endbacher Kurpark schob. Mein Herz schrie dabei: „Warum? Warum?" Mein Mund sprach das Wort unaufhörlich aus. Ich schämte mich dessen nicht, hatte doch auch Jesus am Kreuz die Warumfrage hinausgeschrien. Mit jedem „Warum" fiel Spannung von mir ab.

Doch ein anderes Bibelwort gab mir den inneren Frieden: *Denn Gott hat seinen eigenen Sohn nicht verschont, sondern hat ihn für uns alle dahingegeben.* (Römer 8,32) Ich dachte so bei mir: Dann weiß der Vater im Himmel also, wie es ist, einen Geliebten zu verlieren. Dann versteht er uns. Wenn er das für uns getan hat, muss er uns unvorstellbar lieben. Mehr konnte er nicht tun. In seiner Liebe kam ich wieder zur Ruhe und fand Frieden.

Bei allem Traurigen entwickelten sich unsere Enkelkinder gut: Yannik arbeitet in der Schule interessiert und erfolgreich mit. Leidenschaftlich gerne und mit ganzem Einsatz spielt er Fußball.

Seine Cousine Ninja besucht ein Gymnasium in Marburg. Ihre Lehrer sind sehr zufrieden mit ihr. Volleyball, Fußball, Lesen und der Mini-Teenkreis gehören zu ihren Hobbys. Ihre Mutter, Anette, fährt mehrmals die Woche in den Vogelsberg, um als Psychologin Kinder zu therapieren.

Thomas ist weiterhin im help-center tätig. Dorothee arbeitet in Gladenbach; sie ist mir eine große Hilfe in Haus und Garten. In unserem Haus geht es mittags lebhaft zu. Gerne koche ich für die Familie oder helfe Ninja bei den Schulaufgaben, wenn ihre Mutter arbeitet.

Gesunde Enkel zu haben, ist eine Gabe des himmlischen Vaters. Ich liebe die Stellen in der Bibel, wo vom Segen Gottes für kommende Generationen die Rede ist, z. B. in Psalm 103,17: *Die Gnade aber des Herrn währt von Ewigkeit zu Ewigkeit über denen, die ihn fürchten, und seine Gerechtigkeit auf Kindeskind.*

Mein Mann vertritt öfters seine Pfarrkollegen oder schreibt an der Geschichte der Dorotheamission. Alle Arbeiten im Haus sind bei ihm in guten Händen. So hat Gerhard auch unser Haus selbst gebaut und das alte Gebäude im Vogelsberg renoviert. Dass wir beide noch in unserem nahe gelegenen Wald spazieren gehen können, empfinden wir dankbar als großes Geschenk unseres Vaters im Himmel.

Zum 60. Geburtstag meines Mannes hatte ich ein Gedicht für ihn geschrieben:

60 Jahre sollst du werden,
kaum zu glauben, aber wahr.
Zur Seite bist du mir gewesen
in 4 Tagen 30 Jahr'.
Morgens hört' ich dich schon loben,
wenn ich noch in Träumen lag;
hast die Freude nie verloren,
auch, als es zu tragen gab.
Warst ein lieber Jochgeselle
bis zu unserm heut'gen Fest,
und ich bitte, dass der Herr
lange uns zusammenlässt.

Ohne meinen Mann, aber ...

Nun sind es schon bald drei Jahre her, seit mein Mann verstorben ist. Die Trauer war – besonders anfangs – ungeheuerlich. Und doch muss ich sagen: Gott hat mich zärtlich durch diese Zeit getragen.

Schon im letzten Vierteljahr von Gerhards Krankheitszeit – er litt an einem Hirntumor – spürte ich das. Ich, die ich meist stundenlang nicht einschlafen konnte, fiel todmüde ins Bett und wachte nach ungestörter Nachtruhe morgens erfrischt auf.

Eine besondere Gnade erwies mir der Herr auf der Intensivstation. Die letzten fünf Tage meines Mannes durfte ich Tag und Nacht bei ihm sein. Mit der einen Hand hielt ich seine Hand, mit der anderen das Buch „Meine Zeit im Himmel" von Richard Sigmund. Eine Freundin hatte es mir gerade in dieser Zeit ausgeliehen. Der Autor berichtete, dass er nach einem Unfall acht Stunden klinisch tot gewesen war. Was er gesehen hatte, schrieb er auf. Es deckte sich mit den Aussagen der Bibel über das ewige Leben. Seit dieser Lektüre freue ich mich auf die Ewigkeit.

Dass der Vater im Himmel mir diesen Einblick zukommen ließ, erfüllt mich heute noch mit großer Freude. Es war so, als würde er zu mir sagen: „An diesen wunderschönen Platz geht dein Mann jetzt. Und dort wartet er bei Jesus auf dich. Deshalb sei getrost!"

Wie viel Gutes hat der Herr mich doch damals erleben lassen. Und das bei allem Schmerz!

Nur einmal – etwa drei Wochen nach dem Tod Gerhards – erfasste mich eine lähmende Traurigkeit. Gerade an diesem Tag geschahen drei wunderbare Dinge:

Schwester Christine Muhr schenkte mir einen herrlichen bunten Tulpenstrauß.

Dann hatte ich mir einen neuen Wecker kaufen wollen, denn meiner tickte so laut. Und an diesem Tag fand sich bei der Post – ein Wecker! Niemals in meinem 74-jährigen Leben hatte mir der Postbote einen Wecker gebracht. Es wusste ja auch niemand davon, dass ich einen benötigte.

Die dritte Freude kam – ebenfalls an dem besagten Tag – von einer Frau, deren Ehemann einige Stunden nach meinem Gatten verstorben war. Auf dem Flur im Krankenhaus hatten wir uns kennengelernt. Sie hatte mir erzählt, sie seien Mitglieder einer Freien

Evangelischen Gemeinde. Nun schrieb sie, ihr Pastor hätte unsere Traueranzeige in der Zeitung gelesen. Er habe sie als Einstieg für die Beerdigung ihres Mannes verwendet. In die Anzeige hatte ich die Worte setzen lassen:

Jesus freut sich mit uns,
Jesus weint mit uns,
Jesus gibt uns die Kraft für die nächste
Etappe.

So brachte mich der Vater im Himmel auch über diese kritischen Stunden.

Einen Tag später lud mich eine Freundin in die Bad Endbacher Therme ein. Als sie mein Bedrücktsein bemerkte, tröstete sie mich und sagte: „Nachher im Auto beten wir noch mal." Und dann – nie werde ich die Worte vergessen – befahl sie: „Im Namen Jesu gebiete ich dieser Traurigkeit, dass sie die Margret verlässt!" Seit dem Augenblick ist die lähmende Sinnlosigkeit verschwunden. Sie hat mich nie wieder befallen. Geweint habe ich viel, aber das war eine gesunde Trauer, bei der es mir jedes Mal hinterher leichter wurde. Übrigens – auch das erscheint mir wie ein Geschenk –, das Weinen konnte ich fast abrufen mit dem Satz: „Herr Jesus, sage meinem Mann einen Gruß und dass ich mich auf das Wiedersehen mit ihm bei dir freue." Was ich auch nicht erwartet hätte, war, dass ich trauern konnte und mich in der nächsten Minute an etwas freuen. Eine große Hilfe bedeuten mir auch meine Kinder und Enkel.

Etwas sehr Schönes passierte einige Wochen nach Gerhards Tod. Seit drei Jahren hatte er seinen Trauring verloren. Wie er meinte, wohl beim Schneeschippen. Alles Suchen war erfolglos geblieben. Da ein Bekannter Kleider für Bedürftige mit dem Transporter in die Ukraine fuhr, übergab ich ihm mehrere Paar Schuhe meines Gatten. Zwei Paar händigte ich meinem Sohn für Gäste im help-center aus.

„Stell dir vor, in dem einen Turnschuh hat der Gast einen Trauring und eine Uhr gefunden", übergab mein Sohn mir die Kostbarkeiten.

Wer um einen geliebten Menschen getrauert hat, weiß, wie schwer Gedenktage zu verkraften sind. So ging es mir am 1. Geburtstag nach Gerhards Heimgang. Gerade räumte ich die Sommerbepflanzung auf dem Friedhof ab. Da überfiel mich der Verlust massiv. Leute kamen durch das Friedhofstor. Mit meinem verweinten Gesicht wollte ich niemandem begegnen. Deshalb nahm ich einen anderen Weg zum Ausgang.

Und da predigten die Grabsteine. Auf dem einen stand: „Jesus lebt!", auf dem zweiten: „Jesus starb für mich!", und auf dem dritten: „Ich weiß, dass mein Erlöser lebt!" So getröstet konnte ich auch diese Klippe überwinden.

Nun wurde es das erste Mal Weihnachten. Da wir Besuch hatten, blieb nicht viel Zeit zum Nachdenken. Hinterher fand ich das gar nicht so schlecht. Am Tag nach Weihnachten wollte ich einer Bekannten etwas zum Lesen heraussuchen. Das Buch mit erzählenden Predigten von Gerhard mit dem Titel „So könnte es gewesen sein!" fiel mir in die Hände. Da bemerkte ich etwas Handgeschriebenes auf dem Einband. Ich entzifferte: „Meiner lieben Margret." Beim Öffnen blickte ich auf eine Karte, die er mir zum Christfest 2008 geschrieben hatte. Nun war es wieder Weihnachten und er schon im Himmel. Wie ein Gruß aus der Ewigkeit wirkten seine Worte auf mich: „Meine geliebte Margret ... Alles Gute und Liebe zum Weihnachtsfest und Gottes reichen Segen im Jahr 2009, Dein Dich liebender Mann."

Ja, das Leben geht weiter, ohne meinen Mann, aber ...

> *„Doch eines ist geblieben,*
> *so wie es immer war,*
> *des ew'gen Vaters Lieben*
> *und Führen wunderbar."*
> *(Eine Pfarrfrau in Trauer)*

Ausblick

Das Buch über unser Leben habe ich „Bis zur Hochzeit und danach ..." genannt.

Der Titel kann aber auch über unsere persönliche Lebensgeschichte hinausweisen. Im letzten Buch der Bibel ist auch von einer Hochzeit die Rede: Jesus Christus und seine Gemeinde, die aus einzelnen, an ihn Glaubenden besteht, werden vereint werden. Bis dahin kann uns als Christen die Zeit lang und manchmal schwer werden. Doch wir gehen auf das große Fest zu. Und danach?

Was uns danach erwartet, fasst der dänische Theologe Søren Kierkegaard in die Worte:

Noch eine kleine Zeit,
dann ist's gewonnen.
Dann ist der ganze Streit
in nichts zerronnen.
Dann werd' ich laben mich
an Lebensbächen
und ewig, ewiglich
mit Jesus sprechen.